LA LIBERTÉ FINANCIÈRE POUR TOUT LE MONDE

Surmontez les 19 grands obstacles
à votre liberté financière
édition 2

Jamil CHAH

VLG

D1729087

CONTENTS

BLOQUENT LE CHEMIN VERS VOTRE LIBERTE FINANCIERE

*La Liberté Financière doit d'abord
prendre naissance dans votre esprit !*

*Pour être riche, il faut d'abord
savoir accéder à votre trésor intérieur*

Des paroles éclairées

Le futur appartient à ceux qui voient les possibilités
avant qu'elles ne deviennent évidentes.
Theodore LEVITT

Le monde change, les missions changent
et nous changeons aussi … sinon, nous régressons.
Général S. CHEGWIDDEN

A celui qui voit loin, il n'est rien d'impossible.
Henry FORD

Mieux vaut être optimiste et se tromper
que pessimiste et avoir raison.
Jack PENN

Plus on prend de la hauteur et plus on voit loin.
Proverbe CHINOIS

Le temps de la réflexion est une économie de temps.
Publius SYRUS

Il faut d'abord savoir ce que l'on veut,
il faut ensuite avoir le courage de le dire,
il faut enfin l'énergie de le faire.
Georges CLEMENCEAU

INTRODUCTION GÉNÉRALE

*"La liberté n'est pas l'absence
d'engagement, mais la capacité de choisir."*
Paulo Coelho

Nous vivons un moment historique exceptionnel !

Ce livre est parti du constat que l'humanité est en train de vivre un des rares moments de toute son histoire. Ce moment qui coïncide avec la troisième plus grande révolution civilisationnelle humaine. Il s'agit de l'avènement et la concrétisation de l'ère digitale ou ce qu'on appelle communément la société du savoir et de l'information.

Pour la première fois dans l'histoire humaine, dans le domaine économique, la partie immatérielle dépasse la partie matérielle que ce soit en termes de volume de production, en termes de valeur ajoutée ou en termes de création d'emploi et de richesses.

Il est alors tout à fait logique pour toute personne aspirant à la liberté financière de concentrer ses projets d'entrepreneuriat dans des domaines en phase avec cette nouvelle ère digitale. C'est-à-dire, dans des domaines qui vont en même direction des tendances et des changements historiques en cours. Et par ce fait, ce sont des domaines qui dégagent les meilleures marges bénéficiaires.

Notre génération a ainsi la chance de vivre dans une époque exceptionnelle !

En fait, dans cette nouvelle ère digitale, il existe une infinité de nouvelles opportunités d'affaire pour de simples individus.

Notamment pour des individus qui sont vraiment éveillés et qui ont l'audace de voir grand et loin. Pour des personnes qui cherchent constamment à explorer le maximum de leurs potentiels. Pour des personnes qui désirent ardemment réaliser leurs objectifs dans la vie.

Pourtant, la plupart de gens passent à côté de ces opportunités. Ils ne s'en rendent même pas compte. Leur conditionnement social les rend en quelque sorte aveugles aux formidables changements qui se concrétisent chaque jour. Aveugles surtout aux excellentes perspectives d'affaires que ces changements introduisent dans le mode du business.

Ce qui parait également paradoxale, c'est que la plupart des gens sous-estiment leur pouvoir de décision et leur capacité de choisir. Alors que ces derniers ne vont qu'en grandissant avec l'affirmation de la société du savoir.

Pourquoi la liberté financière ?

Les décisions financières sont parmi les plus importantes décisions dans la vie des gens. Mais, malheureusement, elles sont aussi les plus négligées. Nos choix financiers ont sûrement des incidences majeures sur les autres aspects de notre vie. Ainsi, une mauvaise gestion de la vie financière impacterait négativement tous les autres domaines de notre existence.

Par ailleurs, la bonne gestion des finances concerne tout le monde. Les adultes, les jeunes, les retraités, les femmes au ménage, etc. Toutes ces catégories de personnes ont intérêt à gérer efficacement leur vie financière.

Pour ceci, une connaissance des bases élémentaires de la finance est un passage indispensable pour une vie équilibrée, pour plus de confort et pour plus de liberté. Si l'argent ne fait pas le bonheur, pourtant il y contribue énormément et de façon incontestable.

En fait, avec une situation financière saine, vous aurez beaucoup plus de choix et de facilité pour réaliser vos objectifs dans la vie. Vous aurez sûrement plus de possibilité pour aider significativement votre famille et les gens de votre entourage en général.

L'objectif d'avoir une meilleure qualité de vie ne peut ainsi être atteinte sans une situation financière prospère, stable et pérenne. La liberté financière vous libère ne serait-ce que de la constante pression d'assurer les besoins de base pour vous et pour votre famille.

La liberté financière ne s'enseigne pas à l'école !

Ce qui est dommage, c'est que la richesse et la liberté financière ne s'enseignent pas dans les écoles. Et c'est peut-être pour cette raison que la majorité de gens ne prennent que rarement le temps pour réfléchir sérieusement à leur condition financière.

Cette réflexion qui a pour objet d'envisager un meilleur cadre de vie tout en échappant au modèle de vie le plus répandu qui se résume en métro-boulot-dodo.

C'est pour cette raison que **ce livre traite de la liberté financière en tant que projet pour réussir sa vie.**

Et il fait une grande distinction entre réussir dans la vie et réussir sa vie.

Réussir dans la vie peut signifier gagner beaucoup d'argent ou réussir dans notre carrière professionnelle. Mais ceci n'implique pas, nécessairement, l'amélioration de la qualité de notre vie globale. Réussir dans la vie peut même se faire au détriment des choses les plus importantes dans notre vie.

Car, gagner plus d'argent peut nous contraindre à consacrer davantage du temps pour notre travail professionnel. Et ceci aux dépens des autres importantes dimensions de notre existence. Réussir dans la vie peut ainsi être traduite par : gagner toujours plus et profiter toujours moins !

Réussir sa vie veut, par contre, dire améliorer de façon significative, durable et équilibrée nos différentes sphères de l'existence.

Pourquoi ce livre ?

Le sujet de la liberté financière est si important et si vaste.

C'est pour cette raison que j'ai décidé de créer toute une série de guides pratiques et complémentaires sur ce sujet.

Car, mon objectif est de vous aider à bien maitriser les principaux rouages de l'intelligence financière.

De cette façon, chaque guide traitera l'intelligence financière sous un angle spécifique et apportera plus d'éclairage sur certains de ses aspects particuliers.

J'ai nommé cette nouvelle série de guides : «**VERS VOTRE LIBERTE FINANCIERE** ».

Le livre que vous tenez entre vos mains est le premier de cette série.

Son objet est ainsi de vous présenter une vue panoramique des fondamentaux indispensables de la liberté financière.

Il est à souligner que sans cette base préliminaire, dévoilée dans ce premier guide, il serait très difficile de bâtir une liberté financière solide, équilibrée et pérenne.

Et c'est, en fait, essentiellement à cause du manque de cette base cruciale que la majorité de gens ne parviennent pas à construire leur liberté financière.

Pourtant, je ne vais pas vous donner le poisson

Oui, dans ce premier guide, je ne vais pas vous donner le poisson. Je ne vais pas vous donner la canne à pêche non plus.

Mais, je vais vous faire découvrir la façon de fabriquer vous-même votre canne à pêche.

De cette manière, vous allez pouvoir choisir, par vous-même, de pêcher le type de poisson que vous voulez, le temps que vous voulez et la quantité que vous voulez !

C'est-à-dire que je vais vous livrer ce qui est le plus important et le plus libérateur de tout. Il s'agit des socles fondamentaux de la réussite dans n'importe quel domaine de la liberté financière.

Il s'agit de comment exploiter vos énormes ressources internes.

Je vais vous livrer ainsi **les principes universels (clés de succès)** pour faire éveiller les forces internes qui sommeillent en vous. Je vais vous décrire **le profil psychologique type des personnes gagnantes.**

Les stratégies et les techniques relatives à un domaine d'expertise spécifique ne viennent que par la suite.

Si vous détenez le profil des gagnants, tout ce qui suivrait serait plus facile. Vous aurez les énergies, les attitudes et les aptitudes pour réussir dans n'importe quelle affaire notamment dans le domaine de la liberté financière.

D'autre part, les stratégies et techniques relatives à un domaine particulier sont en perpétuel changement. Les méthodes efficaces d'aujourd'hui ne le seront point après quelques années.

Après avoir lu ce livre et appliqué ses différentes techniques et recommandations, vous saurez maitriser les bases principales de la liberté financière.

Ces dernières vous seront d'une grande aide dans un voyage passionnant et prometteur. Elles vous permettraient de faire des sauts impressionnants dans votre vie.

Il faut aussi souligner que ces principes de base de la liberté financière ne parlent pas directement de l'argent. Mais ils s'intéressent davantage à la maitrise de vos ressources internes. Car, ces dernières représentent les éléments les plus fondamentaux à votre réussite dans cet ambitieux objectif et dans tout autre projet.

En fait, l'argent, en dernière analyse, n'est autre que la manifestation de vos valeurs, vos pensées, vos croyances, vos attitudes et vos émotions. Autrement dit, votre situation financière n'est autre que la traduction de votre profil psychologique.

Si vous avez un profil des perdants, votre situation financière ne serait que médiocre et mesquine. Si par contre votre profil psychologique est celui des gagnants alors votre situation financière ne serait que prospère et florissante.

C'est pourquoi l'objectif de ce livre est de vous aider à développer votre profil psychologique gagnant.

Le premier principe universel sur lequel se base ce livre est que tout changement s'initie et prend naissance en **votre monde intérieur** avant de pouvoir l'exprimer dans **le monde externe**.

Cela signifie que le facteur le plus important de réussite est VOUS. Cela veut dire que la liberté financière doit d'abord prendre clairement naissance dans votre esprit.

Par conséquent, votre premier investissement, doit se faire dans vous-même. Dans votre formation et dans votre croissance personnelle.

Autrement dit, pour atteindre la prospérité et l'abondance, il faut en premier lieu libérer votre profond trésor interne. Il faut vous affranchir de vos différentes croyances limitantes à l'égard de l'argent.

La liberté financière à laquelle vous aspirez, ne peut se matérialiser dans le monde réel que si vous initier, au préalable, des changements appropriés dans votre monde mental, dans vos croyances, vos émotions, vos attitudes puis dans vos actions.

Ce principe est en or. Vous devez le graver dans votre esprit. Il est souvent traduit dans les deux phrases suivantes :

- **Pour « Avoir Plus » il faut « Bien Faire ».**

- **Et pour «Bien Faire », il faut « Être Plus ».**

Schéma le 1ᵉʳ principe central de réussite

Cela signifie que pour réaliser ce que vous n'avez jamais atteint avant, **vous devez devenir la personne** que vous n'avez jamais été avant.

Pour ceux qui préfèrent les formules, ce principe peut aussi être traduit dans les deux équations suivantes

Votre Monde Interne = Le Monde des Causes

Et

Le Monde Externe = Le Monde des Conséquences.

Dans ce livre, j'ai l'ambition d'être votre guide pour vous aider à tracer votre propre voie accélérée vers la liberté financière.

Il y a, en général, deux sortes d'apprentissage :

- Le premier est **informationnel** et vise l'amélioration de vos connaissances sur un sujet spécifique. Il s'agit essentiellement d'apprendre de nouveaux savoirs et d'acquérir de nouvelles compétences. Ce type d'apprentissage implique essentiellement **votre esprit conscient**.

- Le deuxième est **transformationnel** et a pour but de créer des changements concrets dans votre vie. Cet apprentissage va vous aider essentiellement à travailler sur **votre monde interne**. Il vise à renforcer **votre développement personnel** afin de **grandir sur les différents plans humains**. Ce deuxième type d'apprentissage sollicite aussi votre esprit conscient mais, il fait surtout appel à **votre esprit subconscient**.

En fait, toute transformation significative dans votre vie nécessite de passer nécessairement par **votre monde intérieur profond** et notamment par vos **croyances** et vos **émotions**. Et tous ces éléments de votre monde interne sont principalement liés à **votre subconscient**.

Et étant donné que **l'objectif de la liberté financière** est **un projet transformationnel**, ce livre va davantage insister sur **la formation transformationnelle.** Cette formation va vous être très utile pour acquérir les **fondements psych-ologiques** indispensables à la liberté financière.

La transformation visée, pour qu'elle soit efficace, doit se faire en deux temps :

- D'abord, **désapprendre** toutes les choses négatives que vous avez entretenues à l'égard de l'argent. Vous allez alors vous débarrasser de toutes les croyances limitantes et habitudes paralysantes que vous avez conservé jusqu'à ce jour au sujet de l'argent et de la richesse.

- Puis, **apprendre** à bâtir et cultiver de nouvelles relations saines, positives et constructives à l'argent. Vous allez aussi découvrir et reconsidérer vos véritables capacités et potentialités quant au domaine des finances et de l'enrichissement.

Une remarque

Vous allez constater que parfois je répète une idée plusieurs fois le long des chapitres de ce guide. C'est fait exprès !

Car, comme vous le savez, la répétition est un meilleur moyen pour aider notre esprit subconscient à s'imprégner de nouvelles pensées et croyances positives.

Et mon but dans ce guide n'est pas de vous donner simplement des informations. Et peut-être certaines de ces informations vous sont déjà familiales.

Mais, l'objectif de ce livre, c'est de vous aider à changer quelque chose de concret dans votre vie afin d'entamer votre voyage vers une vie meilleure.

Êtes-vous prêts ?

Alors, bonne lecture et bon voyage !

PARTIE 1
LES FONDAMENTAUX DE
LA LIBERTÉ FINANCIÈRE

« Il y a tellement de choses plus importantes dans la vie que l'argent mais il faut tellement d'argent pour les acquérir. »

Groucho Marx

LA LIBERTÉ FINANCIÈRE, LA VOIE ACCÉLÉRÉE VERS LA LIBERTÉ GLOBALE

Dans ce chapitre je vais répondre aux questions suivantes :

1. Qu'est-ce que la Liberté Financière ?

2. Qu'est-ce qu'un revenu passif ?

3. Pourquoi la liberté financière ?

4. Liberté Financière ou Indépendance Financière ?

5. Pourquoi je préfère parler de la Liberté Financière plutôt que de la Richesse ?

6. Enseignez à vos enfants les principes fondamentaux de la liberté financière

7. La Liberté Financière est-elle une science exacte ?

La liberté Financière, la voie accélérée vers la liberté globale

« La richesse est le résultat de la capacité d'une personne à penser »
Rand Ayn

Qu'est-ce que la Liberté Financière ?

La liberté financière est couramment définit dans les termes suivants : « *La liberté financière, c'est la capacité de pouvoir vivre le genre de vie que l'on veut sans avoir l'obligation de travailler, et sans dépendre de personne.* »

En complément à cette définition, voici des éléments importants pour bien cerner les caractéristiques essentielles de la liberté financière :

- La liberté financière, c'est **avoir le choix de sa vie** ;

- Pour la liberté financière, le temps n'est pas de l'argent mais **le temps c'est la vie** !

- La liberté financière, c'est de la **liberté** plutôt que de l'argent !

- La liberté financière, c'est **réussir sa vie** et non seulement réussir dans la vie !

- La liberté financière fait passer l'argent de problème à objectif

- La liberté financière, c'est concrètement le développement et la mise en place **des systèmes à pilotage automatique** générant des **revenus passifs et récurrents**

- Atteindre la liberté financière n'est pas liée à combien vous gagnez, mais elle dépend étroitement de ce que vous faites avec vos revenus. C'est-à-dire à la façon avec laquelle vous faites fructifier l'argent gagné.

- La liberté financière, c'est de construire **des sources diversifiées de revenus**. En particulier **des revenus passifs et récurrents**.

- Dans la liberté financière, **l'argent** n'est pas le but mais, **un moyen indispensable**.

- La liberté financière exige **un état d'esprit d'entrepreneur** et **des attitudes d'un leader**.

- La liberté financière exige **de l'effort et de la discipline** sur au moins une période bien déterminée.

- La liberté financière, c'est une **bonne gestion de son argent**. C'est de développer davantage des 'Actifs' au lieu des 'Passifs'. Parce que les 'Actifs ' génèrent des revenus et les 'Passifs' les dépensent.

- La liberté financière, c'est ce processus de changement mental qui fera de nous cette personne accomplie. C'est-à-dire cette personne qui serait capable d'atteindre la liberté financière même si on perd tout et on recommence à partir de zéro.

Il n'y a pas une manière unique pour atteindre la liberté financière mais plusieurs. Pour assurer le maximum de garantie de succès, il faut que chacun détermine le domaine principal qui lui convient le mieux.

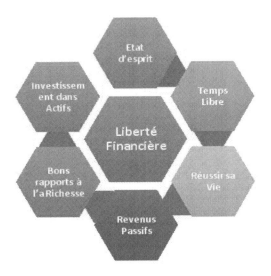

Schéma : Vers la liberté financière

Et Qu'est-ce qu'un revenu passif ?

Le revenu passif est l'opposé du revenu actif. C'est-à-dire le revenu qu'on génère sans devoir y échanger notre temps. C'est un revenu récurrent que nous gagnons constamment sans que nous soyons obligés de travailler nous-même.

Le revenu passif est généralement généré par le retour sur investissement dans des modèles d'affaires spécifiques tels l'immobilier, la bourse, l'Internet, droits d'auteurs.

A l'ère de l'information et du savoir, le revenu passif est généré aussi par la construction **des systèmes d'affaires à pilotage automatique** que vous pourrez développer et mettre en ligne.

Pour créer une source de revenu passif, il faut d'abord bâtir les fondations profondes du système. Et ceci nécessite de travailler dur pour y arriver.

Mais une fois le système est construit et a atteint suffisamment de solidité et de stabilité, vous pourriez lever votre pied de l'accélérateur. Dans ce cas, vous n'auriez à intervenir qu'occasionnellement pour maintenir l'élan de votre système.

Exemples de sources des revenus passifs :

- **En immobilier** : vous avez construit ou acheté un immeuble que vous avez mis à la disposition des locataires pour vous générer **un revenu mensuel assez stable**.

- **Entreprise** : Vous êtes **propriétaire d'une entreprise** qui vend des produits et services, mais dans laquelle vous ne travaillez pas vous-même. Vous bénéficiez des profits nets dégagés à la fin de chaque cycle d'exercice.

- **En bourse** : vous avez des placements en bourse qui vous donnent droit à **des dividendes annuels**.

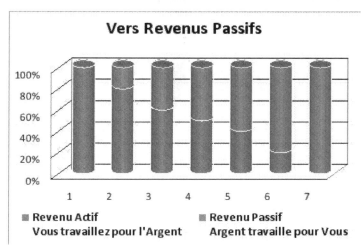

POURQUOI LA LIBERTÉ FINANCIÈRE ?

« On dit que l'argent ne fait pas le bonheur.
Peut-être, mais il vous permet en tout cas, de
choisir le genre de misère que vous préférez ! »
Pierre-Jean Vaillard

L'argent en soi est neutre. Il n'est ni bon ni mauvais. Il est un moyen. C'est un outil d'échange. Il est aussi une énergie.

C'est nous qui décidons de la nature de son usage. C'est nous qui choisissons où l'utiliser et comment l'utiliser.

Il est comme du feu, on peut s'en servir pour faire cuire notre repas ou pour provoquer un incendie.

D'autre part, la **liberté financière est un état d'esprit d'abondance**.

Par conséquent, elle doit d'abord prendre clairement naissance dans votre propre esprit.

Et pour avoir une mentalité de riche, vous devez connaitre les principes psychologiques fondamentaux de la liberté financière et les mettre en application.

En effet, pour atteindre la liberté financière, il faut en premier lieu libérer la mine d'or interne qui sommeille en vous !

Dans ce sens, la liberté financière à laquelle vous aspirez tant, ne peut se manifester dans le monde réel que si vous initier, au préalable, des changements indispensables dans votre for intérieur, dans vos convictions, vos sentiments et vos attitudes.

Ainsi, vouloir atteindre la liberté financière veut dire :

- Que vous êtes préparé à vous élever au-dessus des fardeaux de votre vie actuelle ;
- Que vous rêvez de devenir grand sur le plan humain ;
- Que vous avez décidé d'échapper à la monotonie et la routine de tous les jours ;
- Que vous êtes déterminé de sortir du conformisme généralisé et de votre propre zone de confort ;
- Que vous vous propulsez dans un avenir meilleur ;
- Que vous êtes prêt pour passer au niveau supérieur ;
- Et que vous êtes prêts à faire tout ce qui est nécessaire pour atteindre votre but.

Vous êtes peut-être de ces personnes qui se donnent la permission **d'être optimistes et de voir grand et loin.**

Vous vous projetez dans le futur et vous vous visualisez dans une vie parfaitement équilibrée sur les plans financier, mental, physique, émotionnel, spirituel, social et professionnel.

Vous vous projetez dans 5 ans et vous envisagez un avenir meilleur dans lequel :

- Vous n'avez plus besoin de la montre à réveil. Vous vous lever à l'heure que vous voulez !
- Vous n'êtes plus obligé de faire le même chemin (calvaire) pour aller-retour au travail !
- Vous habitez la belle nouvelle maison !
- Vous conduisez la voiture dont vous avez tant rêvée !
- Vous partagez assez de temps avec vos enfants et vos

proches !

- Vous êtes une personne plus jeune, plus svelte, plus joyeuse et plus heureuse !

- Vous êtes très actif dans la vie sociale ;

- Vous contribuez généreusement aux initiatives de bienfaisances ;

- Vous apportez de la valeur ajoutée à votre entourage et à l'humanité ;

- Bref : vous êtes financièrement libre !

Toutes ces belles choses, vous pouvez les réaliser aisément si vous arrivez vous aussi à atteindre la liberté financière.

Mais, à mon sens, le plus important gain qu'on peut réaliser dans le voyage vers la liberté financière, c'est cette personne accomplie qu'on va devenir chemin faisant.

C'est également ce sentiment de progresser chaque jour à devenir une personne meilleure que celle que nous étions hier.

D'ailleurs, C'est pour cela qu'on dit avec raison, que le chemin est plus important que la destination.

D'autre part on n'a pas une destination fixe et définitive. Car, la destination ne cesse de changer en parallèle à notre propre changement et à notre propre progrès.

En fait, l'objectif de la liberté financière, comme je l'entends, dans ce livre est un projet transformationnel de nous-même.

C'est un voyage vers nous-même. Vers cette personne qu'on rêve devenir. Ça peut paraitre un peu théorique.

Mais si vous contemplez profondément la question de votre plus grand objectif dans la vie, vous allez vous rendre compte que ce ne sont pas les aspects matériels qui retiennent plus votre intérêt.

Oui, les conditions matérielles sont importantes dans notre vie de tous les jours.

Pourtant, elles ne sont que des moyens et des outils au service des objectifs plus profonds.

Vous connaissez sûrement la fameuse pyramide de Maslow. Elle décrit très bien les besoins évoluant de l'Homme. Les besoins matériels sont au bas de la pyramide. Et on doit les satisfaire, dans une certaine mesure, pour nous nous en affranchir.

Ceci nous permettrait également d'évoluer vers les besoins du haut de la pyramide de Maslow.

C'est-à-dire vers des objectifs plus profonds qui sont plus en rapport avec la nature intellectuelle et spirituelle de l'Homme.

Et c'est à ces niveaux que l'Homme peut trouver le maximum de satisfaction, de bien-être, de sagesse, de félicité et du bonheur.

LIBERTÉ FINANCIÈRE OU INDÉPENDANCE FINANCIÈRE ?

« Faire fortune, c'est pouvoir réaliser ses rêves ;
Cela n'a pas grand-chose avec un chiffre »
C. Godefroy

Pour moi, **la liberté financière est différente** de l'**indépendance financière** pour les raisons suivantes :

- **L'indépendance financière** signifie avoir des revenus tout en étant autonome et indépendant. C'est ne pas être employé par quelqu'un, ne pas avoir de patron. L'indépendance financière correspond aux travailleurs indépendants tels les professionnels libéraux, les commerçants, et les entrepreneurs qui travaillent **dans** leur affaire et non **sur** leur affaire.

Les personnes qui travaillent dans ces types de métiers **continuent d'échanger leur temps contre de l'argent**. Et c'est pour cette raison qu'elles n'entrent pas dans le cadre de la définition de la liberté financière adoptée dans ce livre.

- Alors que la **Liberté Financière** vous libère justement du système linéaire d'échange du temps contre de l'argent. La liberté financière, c'est de continuer à recevoir vos revenus sans que vous ayez l'obligation de travailler vous-même. C'est de recevoir un montant d'argent récurrent, stable généré par des investissements dans des actifs. Et ce revenu est assez suffisant pour répondre aux différents besoins de votre famille.

La liberté financière libère votre temps de l'obligation de travailler afin de le consacrer aux choses qui ont plus d'importance dans votre vie. C'est ici où réside la force de la liberté financière.

Et c'est la raison pour laquelle tant de personnes sont fascinées par la liberté financière. Et elles sont si enthousiasmées pour l'atteindre le plus rapidement possible.

- Dans ce sens, l'**indépendance financière n'est pas la Liberté Financière, mais en constitue une étape indispensable.**

Ainsi, la liberté financière ne se limite pas à la composante matérielle de l'argent. L'aspect argent est un élément nécessaire mais n'est pas suffisant !

Par conséquent, la liberté financière est beaucoup plus large et plus profonde que cette dimension strictement matérielle. Elle est, en fait, **un état d'esprit et un mode de vie.**

C'est pour cette raison que la liberté financière est avant tout **une démarche d'évolution**, de **progression** et de **croissance personnelle.** Elle vous assure **de grandir sur le plan humain** dans toutes ses dimensions.

Elle est aussi, **la voie accélérée** vous permettant d'atteindre vos objectifs les plus chers par rapport aux **différentes sphères de votre vie.**

En somme, la liberté financière est la voie accélérée vers la liberté globale.

Il est alors primordial de comprendre et d'appliquer **les principes clés du succès suivants.**

- **Le principe clé n°1** : Votre situation actuelle est le résultat de vos choix antérieurs
- **Le principe clé n°2** : Tout changement s'initie de l'intérieur
- **Le principe clé n°3** : Soyez Responsable à 100 % de

votre vie : Le plus important facteur de réussite est VOUS !

- **Le principe clé n°4** : Soyez Positif, Ouvert et Optimiste !
- **Le principe clé n°5** : Ayez un Pourquoi fort conjugué à une Vision claire !
- **Le principe clé n°6** : Vivez selon vos valeurs et convictions. Ou La mise en cohérence de Votre Monde Interne.
- **Le principe clé n°7** : Harmonisez les 7 sphères de votre vie externe !
- **Le principe clé n°8** : Ayez Foi en vous-même ! Ayez confiance en vos ressources internes et en votre succès !
- **Le principe clé n°9** : Cultivez de bonnes relations à l'argent et soyez un aimant qui attire de la richesse.
- **Le principe clé n°10** : Engagez-vous fermement !
- **Le principe clé n°11** : Fixez-vous des Objectifs SMART !
- **Le principe clé n°12** : Soyez prêts à payer le prix ! Sortez de votre zone de confort !
- **Le principe clé n°13** : Faites de l'Action votre redoutable arme contre vos peurs !
- **Le principe clé n°14** : Soyez une fourmi ! Soyez persévérant !
- **Le principe clé n°15** : Soyez reconnaissant à vos échecs !
- **Le principe clé n°16** : N'arrêtez pas de grandir !
- **Le principe clé n°17** : Sachez s'associer avec de bonnes personnes !
- **Le principe clé n°18** : Profitez pleinement de la vie tout en travaillant sur vos objectifs !

Le détail de ces 18 principes clé du succès n'est pas l'objet de ce présent livre.

Ils sont développés dans un livre à part "**Objectif Succès**" :

Format Kindle : https://www.amazon.fr/dp/B09CHFLHGQ
Version papier : https://www.amazon.fr/dp/B09CGFPKP8

POURQUOI JE PRÉFÈRE PARLER DE LA LIBERTÉ FINANCIÈRE PLUTÔT QUE DE LA RICHESSE ?

« Disposer de l'argent en quantité suffisante peut améliorer notre vie, nos relations et notre bonheur. »

Pour moi, la liberté financière est plus importante que la richesse pour les éléments suivants :

- La richesse est centrée sur l'argent lui-même.

- La richesse recherche une quantité plus grande d'argent que nous désirons posséder.

- Quant à la liberté financière, elle est centrée sur notre liberté, sur notre bien-être, sur une qualité de vie meilleure pour nous et pour nos proches.

- La liberté financière recherche un autre mode de vie. Un mode de vie dans lequel on peut réaliser nos rêves, nos aspirations et tout ce qui a du sens et de l'importance pour nous.

- La liberté financière vise à nous libérer des soucis et des contraintes de travailler quotidiennement pour gagner de l'argent. Elle nous génère du temps libre nous permettant de nous concentrer sur d'autres activités plus importantes dans notre vie.

- La liberté financière nous permet ainsi de donner la priorité à ce qui nous tient plus à cœur. C'est-à-dire à ce qui nous procure d'immenses plaisirs dans la vie.

- La liberté financière ne signifie pas obligatoirement beaucoup d'argent. Mais une quantité assez suffisante pour nous affranchir de l'obligation de travailler quotidiennement. Et ceci afin de nous permettre de changer au mieux notre vie. Bref, pour avoir toujours plus de choix dans tous les domaines de la vie !

- Les domaines que les gens considèrent, généralement, plus importants et auxquels ils aspirent réserver davantage de leur temps sont les suivants :
  - La famille ;
  - Les voyages ;
  - La croissance personnelle ;
  - Les sports ;
  - La sagesse et la spiritualité ;
  - Les œuvres de bienfaisance sociales ;
  - Les lectures/écritures ;
  - La recherche à mieux comprendre la vie et le monde ;
  - L'accomplissement et le perfectionnement dans un ou plusieurs domaines particuliers qui procurent d'immenses plaisir dans la vie.

Le montant nécessaire pour se sentir et se considérer financièrement libre peut varier d'une personne à autre.

Pour certain, c'est à partir de 10 000 euros par mois, pour d'autres c'est autour de 1000 euros, etc.

Donc, la liberté financière n'est pas une affaire de chiffre !

Pourtant, si j'utilise quelque fois le mot richesse dans ce livre, c'est pour désigner la liberté financière telle que je l'ai définie ici.

ENSEIGNEZ À VOS ENFANTS LES PRINCIPES FONDAMENTAUX DE LA LIBERTÉ FINANCIÈRE

« L'argent est une forme de pouvoir.
Mais l'éducation financière est plus puissante encore. »
R Kiyosaki

Ce qui est vraiment étonnant, c'est que jusqu'aujourd'hui, la Liberté Financière ne s'apprend pas à l'école.

Et c'est vraiment dommage !

En fait, même les prestigieuses grandes écoles du commerce et de la finance n'enseignent pas aux étudiants comment devenir riches et comment atteindre la liberté financière !

Alors que la liberté financière est si importante pour un meilleur style de vie caractérisé par la prospérité et la liberté.

A mon sens, l'enseignement de la liberté financière est plus important de l'enseignement de beaucoup d'autres matières inscrites dans les programmes actuels des ministères d'éducation dans la plupart des pays du monde.

Etant donné que vous êtes en train de lire ce livre sur la liberté financière, cela signifie que vous faites partie des personnes courageuses qui voient grand et envisagent à améliorer profondément leur vie et celle de leurs proches.

Et ce malgré que vous n'avez pas appris à l'école comment gagner et gérer l'argent. Et malgré tous les grands changements que connait, aujourd'hui, le monde des affaires.

Mais, essayez de réfléchir, d'abord, aux questions suivantes :

- Pourquoi la plupart des gens sont-ils incapables d'atteindre la liberté financière alors que certaines personnes y arrivent de façon remarquable ?

- Les causes sont-elles d'ordre matériel, intellectuel ou psychologique ?

- Existe-t-il des principes universaux pour réussir la liberté financière ?

- Ou, est-ce que la liberté financière est un résultat du simple hasard et de pure chance ?

Tous les gourous de la liberté financière défendent l'idée que la richesse se fonde sur des règles et des principes universaux.

Pour eux, toute personne est capable d'atteindre la liberté financière à condition de bien comprendre et de bien appliquer ces principes et ces règles.

Alors servez-vous de ce livre pour **enseigner à vos enfants les principes fondamentaux de la liberté financière.**

La Liberté Financière est-elle une science exacte ?

Wallace D. Wattles, auteur de « The Science of Getting Rich ; La Science de la Richesse », va plus loin en confirmant que l'enrichissement est une science exacte comme les autres sciences pures.

Voici ce qu'il dit : « *il existe une science pour devenir riche, et il s'agit d'une discipline exacte, au même titre que l'algèbre ou l'arithmétique.*

Il y a des lois qui gouvernent le processus d'acquisition de la richesse, et, lorsqu'elles sont apprises et mises en application, elles mènent toute personne à la fortune avec une certitude mathématique. »

On n'est pas obligé de partager de telles convictions sur le fait que «la science de la richesse est de la même exactitude que l'algèbre ...avec certitude mathématique »!

Mais, ce qui nous importe, c'est qu'il existe effectivement un certain nombre de principes et de règles reconnus.

Ces principes sont expérimentés par de nombreuses personnes de par le monde et qui leur ont permis d'atteindre la liberté financière.

Voir le livre **Objectif Succès** :

Format Kindle : https://www.amazon.fr/dp/B09CHFLHGQ
Version papier : https://www.amazon.fr/dp/B09CGFPKP8

Une autre chose que j'aime souligner aussi, c'est que plusieurs livres et gourous insistent trop sur la pensée au détriment de l'action.

Pour moi, c'est **la combinaison et la synergie entre la pensée et l'action** qui assurent véritablement les résultats désirés. Ce n'est pas la pensée seule en l'absence de l'action ni l'action isolée de la réflexion.

Dans ce sens **Imam Ghazali** dit : « *Science sans pratique est folie et pratique sans science est chose vaine* »

Conclusion

- La liberté financière se fonde sur un élément capital : la **liberté** de faire ce que l'on a envie de faire et quand on désire le faire. Et cette liberté a besoin de deux autres éléments primordiaux : **l'argent et le temps**. Concrètement ceci signifie que l'on doit disposer de sources nous générant **suffisamment de revenus passifs** pour pouvoir dégager **assez de temps libre.** Grâce à cet argent et à ce temps libre, nous pouvons nous adonner et nous consacrer aux activités les plus importantes à nos yeux et accomplir les objectifs les plus chers dans notre vie.

- La liberté financière, c'est d'abord **désapprendre** nos mauvaises habitudes et nos croyances limitantes à l'égard de l'argent. Ensuite, **apprendre** de nouvelles croyances et habitudes plus saines, dynamisantes et constructives !

- La liberté financière nécessite d'être actif dans des **activités légales** sans pour autant être obligé de continuer à travailler toute sa vie ! Dans ce sens, on ne doit pas cambrioler une banque pour avoir la liberté financière ! On ne parle pas, non plus, des personnes qui sont nées avec une cuillère d'argent dans la bouche !

- **Les six (6) piliers fondamentaux de la liberté financière** : L'Etat d'esprit ; Les Connaissances ; Les Relations ; Les Compétences ; L'Argent et les Actions.

- La liberté financière, c'est **un processus en cinq temps** : **développer l'esprit du riche** ; **économiser** ; **épargner,** faire le **premier investissement** et **diversifier l'investissement** dans des affaires générant des revenus passifs et récurrents. Le plus important de ces cinq (5) éléments est certainement le **développement de l'esprit du riche.**

En fait, c'est la base des quatre (4) autres éléments. Sans un esprit d'abondance, vous ne saurez économiser, épargner ni investir efficacement.

Vous ne saurez même pas bien utiliser l'argent que vous pourriez gagner.

D'autre part, le développement de l'esprit de l'abondance nécessite la compréhension et l'application des principes fondamentaux de la psychologie des gagnants.

- La liberté financière est ainsi plus importante aussi bien de la richesse que de l'indépendance financière.

Je peux résumer la Liberté Financière dans les équations concrètes suivantes :

La liberté financière = Un Etat d'Esprit

= Un Mode de Vie

= La Prospérité + du Temps Libre

= Revenus Passifs et Récurrents

= Systèmes à Pilotage Automatique

= Investissement dans des Actifs

COMMENT ATTEINDRE LA LIBERTÉ FINANCIÈRE ?

1. Quel est votre relation à relation ?

2. Les 6 piliers de la liberté financière

3. Quels sont les principaux domaines d'affaire pour atteindre la Liberté Financière ?

4. Choisissez votre principal véhicule et Démarrez immédiatement !

5. Les conditions préalables pour atteindre la liberté financière

Comment atteindre la liberté financière ?

« L'argent permet de jouir de la vie.
Sans argent, on jouit... de la pauvreté ! »
Lao SHE - Romancier chinois

Rappelons que :

La liberté financière = La Prospérité + du temps libre

Les trois principaux piliers d'une vie de qualité sont : la **santé**, la **richesse** et le **temps libre**.

L'atteinte de la liberté financière procure aussi bien la richesse que le temps libre !

Et en utilisant sagement votre richesse et votre temps libre, vous pouvez développer et améliorer significativement les autres sphères de votre existence.

Voici quelques domaines et aspects de votre vie susceptible d'être énormément améliorés par la liberté financière :

- **Vos relations avec vos proches** en l'occurrence votre famille et vos amis en leur consacrant plus de temps ;

- **Vos relations sociales** : puisque vous aurez assez de temps libre, vous pourriez alors améliorer également vos relations avec votre entourage ;

- **Croissance personnelle** : développer davantage votre personnalité notamment aux niveaux mentaux et spirituels ;

- **Bien-être** : faire du sport, voyager, se consacrer à vos loisirs et divertissements préférés ;

- **Nouvelles compétences** : apprendre de nouvelles connaissances et habilités. Améliorer vos capacités mentales, intellectuelles et spirituelles ;

- **Loisirs** : Jouir de ce que vous aimez dans la vie, voyages, arts ; littérature, sports, etc.

- **Expertises** : S'accomplir dans des domaines spécifiques qui vous tiennent à cœur ;

- **Œuvres de bienfaisances** : Contribuer aux diverses actions sociales et philanthropiques ;

- **Liberté de choisir** : la liberté financière nous élargis le champ de nos choix dans différents domaines de la vie. En fait, l'argent vient en renfort pour nous aider à faire ce que nous avons à faire, à devenir ce que nous devons être, à être à la bonne place et en compagnie des bonnes personnes.

- Etc.

Quel est votre rapport à la richesse ?

Pour réussir sa Liberté Financière, il faut **être ouvert, non conformiste** et **prêt à s'engager** dans des sentiers non ou rarement empruntés.

Très peu de gens atteignent la Liberté Financière non pas parce que c'est compliqué mais surtout parce que :

- Ils ont de mauvaises relations à l'argent ;

- Ils ont des croyances limitantes à l'égard de la richesse ;

- La liberté financière leur semble inaccessible.

- Ils n'osent pas sortir de leur zone de sécurité.

- Ils croient que la liberté financière est réservée à une catégorie spécifique de personnes.

- Ils ne possèdent pas la mentalité et les attitudes du

riche.

Heureusement que n'importe qui peut acquérir ces attitudes du riche. Il suffit d'avoir une forte volonté et être prêt à apprendre et à changer pour le meilleur de soi. Ce livre a pour ambition de vous aider pour trouver votre propre chemin vers votre liberté financière.

Prenez alors quelques minutes pour répondre aux questions suivantes sur la nature de votre rapport à l'argent :

- Quelles sont mes croyances actuelles au sujet de l'argent ?

- Quel type de rapport ai-je avec l'argent ?

- Pourquoi est-ce que j'ai besoin de la liberté financière ?

- Pourquoi la liberté financière est si importante pour un style de vie meilleur ?

- Est-ce que ma situation actuelle me permet-elle de faire ce que j'ai vraiment envie de faire ?

- Est-ce que ce que je fais actuellement me rend-t-il heureux ?

- Est-ce que je suis là où j'aime vraiment être ?

Les 6 piliers de la liberté financière

En complément aux conditions préalables à l'atteinte de la liberté financière, vous aurez besoin d'un ensemble d'atouts incontournables. Je vous ai résumé ces atouts dans ce que j'appelle les piliers de la liberté financière. Ils sont au nombre de six comme illustré ci-dessous :

ÊTRE. Par Être je fais référence essentiellement à vos ressources internes les plus profondes et les plus puissantes. Elles devront être en harmonie avec votre objectif de liberté financière. Il s'agit essentiellement des éléments suivants :

- Vos Pensées ;
- Vos Valeurs ;
- Vos Convictions ;
- Vos Croyances ;
- Votre Pourquoi ;
- Vos Rêves ; Vos Aspirations ;
- Votre Mission ;
- Vos Objectifs.

2) **Les Attitude (Savoir-Être).** Sous le terme « Attitudes », je rassemble les sources fondamentales des différents carburants nécessaires à l'atteinte de la liberté financière. :

- Votre état d'esprit ;
- Votre Volonté ;
- Votre Responsabilité ;
- Votre Vision du monde et de votre place et mission dans cette vie.
- Vos Décisions et vos Engagements ;
- Votre Confiance en soi et votre Optimisme ;
- Votre Amour d'apprendre ;
- Votre Curiosité et votre Courage ;
- Votre recherche incessante des Nouveautés et des Opportunités ;
- Vos Habitudes de passer l'Action ;
- Votre Détermination et votre Persévérance ;
- Votre Organisation et vos Planifications ;
- Etc…

3) **Les Compétences (savoir-Faire)** : Elle regroupe tout ce que vous devez capter et apprendre du monde réel pour vous assurer la réalisation de votre objectif de liberté financière.

- Données ;
- Informations ;
- Connaissances ;
- Savoirs ;
- Expériences ;
- Expertises ;
- Les compétences techniques : la Finance ; l'Investissement ; le Marketing ; la règlementation relative au monde du business ; Gestion du Temps Libre ; Gestion des Systèmes.

4) **Les relations** jouent un rôle capital dans l'atteinte de la liberté financière. Elles sont plus importantes que l'argent. Les relations englobent :

- Les Mentors ;
- Les Partenaires ;
- Les Equipes ;
- Les Clients ;
- Les Amis ;
- Les autres Connaissances : collègues du travail, collègues de la classe, etc.

5) **L'Argent.** Il s'agit de savoir gagner de l'argent, de bien l'utiliser et de bien le gérer :

- Gagner.
- Utiliser.
- Economiser ; Réduire ses dépenses.
- Epargner sur votre salaire.

- Investir.
- Apporter de la VALEUR aux AUTRES.

6) **Les Actions (Faire).** C'est un élément primordial qui permet de mettre tous ces piliers en pratique. Assurez une synergie, une cohérence et des interactions dynamiques positives entre ces différents piliers.

- Faire et Savoir Faire.
- Apprentissages continus.
- Habitudes constructives.
- Corrections des erreurs.
- Persévérance et efforts soutenus.
- Effet Cumulé.
- Progression continue.

Schéma : Les 6 piliers de la liberté financière

QUELS SONT LES PRINCIPAUX VÉHICULES DE LA LIBERTÉ FINANCIÈRE ?

« L'argent est simplement un outil.
Il vous amènera où vous voulez, mais
il ne pourra pas décider de la destination à votre place. »
Ayn Rand

On peut atteindre la liberté financière d'une multitude de façons différentes. Mêmes certaines personnes salariées peuvent arriver à l'âge de 60 ou 65 ans et toucher la pension de leur retraite.

Le montant de cette pension pourrait être assez confortable pour subvenir convenablement à leurs différents besoins.

Vous avez le droit de choisir ce genre de liberté financière. Mais ce n'est pas le type de liberté financière que je vous recommande dans ce livre.

En fait, ce mode de liberté financière présente plusieurs inconvénients majeurs. Le principal inconvénient, c'est qu'elle arrive un peu trop tard et sans procurer une véritable croissance personnelle.

La liberté financière que je préconise dans ce livre, c'est celle qui est construite sur la base des modèles d'affaire d'entreprenariat. C'est-à-dire le modèle de la liberté financière qui procure un meilleur cadre de vie.

Un mode de vie qui joigne la richesse avec le temps libre, la liberté du choix, la passion et la croissance personnelle.

Tout ceci pourrait être assuré tout en étant encore jeune et en bonne santé.

Heureusement, que dans le vaste monde d'entreprenariat, il existe plusieurs façons éclairées pour devenir financièrement libre le plus rapide possible.

Toutefois, les six domaines suivants sont reconnus en tant que principaux véhicules susceptibles de mener rapidement à la liberté financière

Peu importe vos acquis, vos diplômes et votre situation actuelle, vous pouvez commencer à apprendre et à maitriser au moins un de ces domaines :

1. **Les placements financiers.** Par exemple acquérir des actions dans l**e marché boursier** qui donne droit aux dividendes annuelles. C'est le domaine à la perfection des revenus passifs. Puisqu'il ne vous demande aucun effort même au démarrage. Tout ce que vous avez à faire, c'est de choisir là où placer votre argent et d'amener la somme d'argent à placer à la banque.

2. **Les biens immobiliers.** Il s'agit de posséder des propriétés immobilières.

3. **La création des affaires commerciale de type web Internet et MLM.** Ces domaines nécessitent des efforts surtout au démarrage. Mais une fois les systèmes mis en place, vos revenus seront déconnectés du temps, avec des effets de levier bien supérieur aux efforts que vous y auriez mis initialement.

4. **La propriété d'entreprises.** Il s'agit des chefs d'entreprises qui créent et vendent des produits. Mais il faut distinguer entre les deux cas suivants : 1) Si vous crée une entreprise et dans laquelle vous êtes obligé d'y allez travailler tous les jours ouvrables, ce n'est pas de liberté financière. 2) Mais si vous êtes le propriétaire d'entre-

prises et que vous n'allez pas y travailler, c'est du revenu passif.

5. **L'Infopreneuriat. L'Internet,** au centre du domaine de l'infopreneuriat, élargis les possibilités d'affaire centrées sur l'information et le savoir.

6. **Les droits d'auteur.** Il s'agit des activités qui génèrent des droits d'auteur telles : le cinéma, les livre, les arts. La famille d'Elvis Presley, par exemple, continu de recevoir les royalties des travaux de ce dernier qui est décédé depuis une dizaine d'années.

Choisissez votre principal véhicule et démarrez immédiatement !

Vous pouvez combiner plusieurs de ces six domaines. Toutefois, il est recommandé de choisir, dans un premier temps, un domaine sur lequel vous allez vous concentrer.

Une fois le système est mis en place, devenu assez solide et tourne presque tout seul, là vous pouvez passer à un autre domaine.

En fait, la diversification d'affaires est un bon gage d'une liberté financière solide, stable et durable.

Mais, il ne faut pas trop diversifier pour ne pas éparpiller votre énergie et votre concentration.

Néanmoins, le plus important de tout, c'est d'en choisir un domaine et de commencer le plus rapide possible.

Les réponses aux questions suivantes vous aideront pour un lancement efficace dans le monde des affaires :

➢ Quel est votre rapport à la richesse ?

➢ Que signifie la liberté financière pour vous ?

➢ Qu'est-ce que vous voulez faire avec cette liberté financière ?

➢ Qu'est-ce qui vous attire le plus dans la liberté financière : l'argent ? la liberté ? ou un autre aspect ?

➢ Quels sont les objectifs qui découlent de votre projet de liberté financière ?

- ∘ Par rapport à votre famille.
- ∘ A votre santé.
- ∘ A votre carrière professionnelle.
- ∘ A vos relations sociales.
- ∘ A votre santé physique.
- ∘ A votre bien-être.
- ∘ A vos loisirs et passions.

➢ Quels sont les domaines dans lesquels envisagez-vous vous lancer ? Numérotez-les par ordre de priorité :

1. Les placements financiers.
2. Les biens immobiliers.
3. La création des affaires commerciale de type web Internet et MLM.
4. La propriété d'entreprises.
5. L'Infopreneuriat.
6. Les droits d'auteur.

➢ Quelles sont vos passions et vos compétences qui correspondent à chacun de ces domaines envisagés ?

➢ Il est recommandé de choisir le domaine/projet qui coïncide le mieux avec vos plus fortes passions et vos plus solides compétences.

➢ Quelles sont les autres connaissances et compétences que vous devriez acquérir pour vous aider dans la réalisation de votre projet ?

➤ Quel est le degré de votre engagement dans ce projet ?

➤ Êtes-vous prêt à consacrer l'effort et le temps nécessaires pour atteindre cette liberté financière ?

➤ Quels sont les sacrifices que vous êtes disposé à faire pour vous concentrer en priorité sur votre projet ?

➤ Quel est l'ordre de grandeur des revenus passifs annuels escomptés ?

➤ Quelle date prévisionnelle pour atteindre de cette liberté financière ?

➤ Quelles sont les dates intermédiaires ?

➤ Quelles sont les personnes susceptibles de vous venir en aide dans votre projet ?

➤ Comment imaginez-vous votre vie lorsque vous atteindrez la liberté financière souhaités ?

QUELLES SONT LES CONDITIONS PRÉALABLES POUR ATTEINDRE LA LIBERTÉ FINANCIÈRE ?

« Toutes les richesses ont leur origine dans l'esprit.
L'abondance est dans les idées, pas dans l'argent »
Robert Collier

Pour devenir libre financièrement, vous devez assurer certaines conditions préalables :

- Il faut d'abord avoir une bonne relation à l'argent.

- Il faut que vos croyances au sujet d'argent soient positives.

- Il faut que vos valeurs et vos croyances soient alignées sur votre objectif d'atteindre la liberté financière.

- Vous devez faire partie des personnes qui :
  - ont la capacité de voir grand et de rêver une vie meilleure et de croire à la possibilité de sa réalisation.

  - ont un état d'esprit positif et optimiste.

  - ont la psychologie du riche.

  - sont plus tournés vers faire ce qui est meilleur pour eux que faire comme le voisin (non conformistes).

- ○ ont la détermination de faire l'expérience jusqu'au bout.

  ○ ont osé, malgré les peurs, de faire le fameux premier pas qui change tout !

- Est-ce que vous aimez fréquenter quelqu'un qui ne vous respecte pas, ne vous considère pas et ne vous aime pas ? C'est pareil avec l'argent. Il n'apprécie pas d'être dans les poches, les portes monnaies, les comptes bancaires des personnes qui ne le considèrent pas et ne le respectent pas.

- Vous devez faire de la liberté financière un objectif majeur de votre vie et de faire tout ce qui est nécessaire pour y arriver.

- Pour atteindre la liberté financière, vous devez faire des sacrifices à court terme pour obtenir des récompenses à long terme.

- La liberté financière, c'est d'être **responsable à 100 % de la gestion de votre argent et de vos propriétés.**

- Il s'agit d'une **démarche volontariste** d'un individu qui démarre de zéro ou presque de rien pour atteindre sa propre liberté financière.

- La liberté financière **se construit progressivement.** Donc ce n'est pas le genre de gagner au loto. Ce n'est pas non plus des baguettes magiques ou des solutions miraculeuses.

- La liberté financière ne peut être atteinte que **par l'intermédiaire de la valeur que vous apportez à une population spécifique**, à un marché.

- Ainsi, en travaillant sur l'objectif de votre propre liberté financière, vous apportez votre contribution dans un monde en perpétuel changement.

- **La Liberté Financière repose sur six Fondements essentiels :** Être ; Attitudes (Savoir-être) ; Compétences (Savoir-faire) ; Relations ; Argent et Actions (Faire).

- La liberté financière exige de s'engager dans un **processus en cinq temps essentiels :**

  - **Développer l'esprit de riche** ; Êtes déterminé et prêt à vous libérer financièrement. Se libérer de toutes vos dettes de consommation et ne jamais les refaire.

  - **Economiser** ; Réduire vos dépenses.

  - **Epargner** sur votre salaire. Épargnez au moins 10% de votre salaire. Cette épargne devrait être exclusivement réservée pour l'investissement.

  - **Faire le premier Investissement.** Investir dans le domaine de la liberté financière choisi. S'assurer que le domaine choisi vous passionne vraiment.

  - **Diversifier vos domaines d'activités.** Une fois le premier domaine d'investissement acquis, passez à l'investissement dans d'autres domaines de la liberté financière.

Étape 1	• Développer l'esprit du riche
Étape 2	• Economiser
Étape 3	• Epargner
Étape 4	• Faire le premier Investissement
Étape 5	• Diversifier vos domaines d'activités

Schéma : Les 5 étapes du processus de la Liberté Financière

La liberté vient uniquement avec la compréhension et l'application des lois de l'univers.

Il faut d'abord savoir accéder à votre trésor intérieur.

Car, votre véritable combat est dans votre jardin interne.

Pourquoi la plupart des gens n'arrivent-ils
pas à atteindre la liberté financière ?

Est-ce que parce qu'ils en sont
intrinsèquement incapables ?

Ou, tout simplement, parce qu'ils ignorent comment utiliser leurs énormes ressources qui sommeillent en eux ?

Ou, parce qu'ils sont influencés par leur environnement
et leur éducation, lesquels leur disent que la
liberté financière n'est pas faite pour eux ?

Et ils pensent que ce n'est même pas la
peine d'essayer par eux-mêmes ?

Le secret du succès est, par contre, très simple.

C'est Savoir saisir les opportunités et oser
passer immédiatement à l'action.

Et savoir éveiller et utiliser leurs énormes
pouvoirs internes pour aller de l'avant
jusqu'au bout de leurs objectifs.

PARTIE II
LES 19 PLUS GRANDS OBSTACLES POUR ATTEINDRE VOTRE LIBERTÉ FINANCIÈRE

INTRODUCTION

L'objet de cette partie est de vous aider à répondre aux deux questions primordiales suivantes :

1. Quels sont les principaux obstacles, mythes et forces qui peuvent vous bloquer et vous empêcher d'atteindre votre liberté financière.

2. Et comment vous en affranchir afin de pouvoir bâtir une vie libre et prospère ?

Les obstacles qui peuvent vous empêcher d'aller vers votre liberté financière sont assez nombreux.

Dans le présent guide, je me limite aux 19 obstacles les plus récurrents et les plus importants.

Et afin de vous rendre la lecture de ce guide plus facile, j'ai réparti les 19 obstacles en les deux catégories distinctes suivantes :

1. **Les 9 Grands Obstacles**

Dans la première catégorie, j'ai rassemblé les 9 principaux obstacles qui prennent racine dans les éléments les plus importants de notre monde interne.

La puissance de ces éléments internes n'est plus à démontrer. Car, c'est sur la base de ces derniers que nous constituons nos modes de perception, nos schémas de penser et nos cadres de référence sur la vie, sur le monde et sur nous-mêmes.

Ainsi, la façon avec laquelle nous réagissons à ces 9 obstacles détermine, en grande partie, notre succès ou notre malheur dans la vie en général et dans notre rapport à l'argent et à la richesse en particulier.

2. Les 10 Importants Mythes

La deuxième catégorie d'obstacles traite spécialement des croyances limitantes liées directement à la richesse et à la liberté financière.

Je me suis attardé aux 10 mythes les plus significatifs qui ont un énorme impact négatif sur nos résultats financiers.

Ces 10 mythes, si vous y croyez, ne vous laisseront même pas tenter votre chance pour essayer d'aller vers une vie libre et prospère.

Cette partie a alors pour mission de vous aider à vous affranchir de ces 19 obstacles afin de vous permettre d'ouvrir une voie vers votre liberté financière.

PARTIE 2.1: LES 9 GRANDS OBSTACLES QUI VOUS BLOQUENT LE CHEMIN VERS VOTRE LIBERTE FINANCIERE

OBSTACLE N°1 : ÊTES-VOUS LIBÉRÉ DE VOS CROYANCES LIMITANTES ?

- Les places sont limitées dans le monde de la richesse ;
- L'entrepreneuriat est un domaine réservé à une élite spéciale d'individus ;
- Je n'ai pas assez de compétences pour créer mon propre business ;
- Il me faut beaucoup de moyens (argent, relations, compétences…) pour me lancer dans le monde de l'entrepreneuriat ;
- Beaucoup d'argent est source de tous les maux ;
- Je ne peux pas réussir dans le monde de l'e-business ;
- Tous les riches sont des escrocs ;
- Si on devient riche, c'est souvent sur le dos des autres ;

- Pour réussir rapidement dans l'e-business, il faut nécessairement arnaquer les gens.
- Etc.

Êtes-vous d'accord avec ce que je viens de dire ?

J'espère que non !

Car, toutes ces affirmations ne sont que des croyances et non des faits.

Ce sont des croyances basées sur une vision que nous avons construites sur le monde et sur nous-mêmes.

Ce sont des croyances réglées et programmées sur le manque, la pauvreté, la passivité et l'échec.

En effet, face aux mêmes environnements et aux mêmes situations, d'autres personnes choisissent des croyances diagonalement opposées aux précédentes.

Ces personnes développent des croyances positives telles :

- Dans le monde de l'entrepreneuriat, il y a de la place à tout le monde, il suffit d'être créatif et patient...
- L'entrepreneuriat est le meilleur domaine où l'homme peut s'accomplir et réaliser ses rêves ;
- Beaucoup de personnes sont déjà parvenues à leur liberté financière, pourquoi pas moi ?
- L'argent est un moyen qui nous donne plus de capacités pour améliorer notre vie et celle de nos proches...
- La plupart des riches sont d'honnêtes personnes qui ont réussi en partant de zéro ;
- La plupart des riches sont de formidables personnes qui apportent beaucoup de valeur à la société.
- J'ai décidé de réussir dans l'e-business parce que je suis prêt à apprendre et à appliquer tout ce qu'il faut...

Aimerez-vous alors faire partie de la première catégorie de gens ou de la deuxième catégorie ?

J'espère bien que vous choisissez la deuxième catégorie. Et je suis presque certain que c'est bien votre choix ! Sinon, vous ne serez pas en train de lire ce guide.

D'autre part, savez-vous aussi comment vos croyances se forment-elles ?

Et surtout, savez-vous que tout ce qui vous arrive dans ce monde est essentiellement le résultat de **vos pensées** et de **vos croyances** ?

Les Pensées, sont les graines de votre esprit et de votre succès. Sachez alors les bien cultiver !

« Changez vos pensées, vous changerez votre destinée. »
- Joseph Murphy

De prime abord, il faut savoir qu'une pensée est le construit de base de votre esprit.

En termes biologiques, une pensée est matérialisée par la création d'un ensemble complexe de connexions neuronales dans votre cerveau. Plus cette pensée est répétée plus ces connexions s'amplifient et se fortifient.

Avec le temps et la répétition, cette pensée devient une croyance fortement ancrée dans votre *subconscient* et influence grandement votre vision du monde et de vous-mêmes.

La pensée est en réalité une force incroyable. Elle est à l'origine de tout ce que l'on voit autour de nous. En fait, tout ce que l'homme invente, fabrique et produit, passe d'abord par son imagination. C'est-à-dire, par ses pensées.

Ainsi, la pensée façonne notre vie. Elle peut nous mener sur le chemin du succès et du bonheur ou nous pousser vers le bord de l'échec et du malheur !

Et la bonne nouvelle, c'est qu'à nous seul que revient de choisir entre ces deux scénarios !

Pourquoi alors ne pas choisir de faire de **la pensée positive** notre allié dans notre voyage dans la vie ?

Et souvenez-vous :

Si vous pensez petit et vous agissez petit, vous resterez petit !

Et si vous pensez grand votre subconscient mettra le même effort pour vous aider à devenir grand !

Ce sont vos pensées qui déterminent le style de votre existence !

Il faut bien comprendre le rôle majeur que joue nos pensées dans notre vie.

En fait, si l'information perçue de l'environnement est le matériau de base pour notre cerveau, la pensée en est le construit élémentaire fondamental.

Autrement dit, c'est sur la base des pensées que viennent se construire tous les autres édifices de notre esprit à savoir :

- Les **valeurs**,
- Les **croyances**,
- Les **convictions**,
- Les **attitudes**,
- Les **habitudes**,
- Et les **comportements**.

La très bonne nouvelle, c'est qu'il est possible à l'être humain, c'est-à-dire à vous et à moi, de contrôler et gouverner consciemment et volontairement ses pensées et les orienter dans la direction qu'il désire.

Et c'est justement cette possibilité qui représente la source et le fondement essentiel de l'intervention de **l'école du Développement Personnel et en particulier de « la psychologie positive »**.

Il est alors d'une importance capitale de prendre conscience de cette force formidable. Et surtout de faire tout ce qu'il faut afin d'apprendre comment la mettre en œuvre à votre avantage.

D'accord pour les pensées.

Qu'en est-il alors pour les Croyances ?

Les croyances sont les socles de vos attitudes et de vos actions

> *« La loi de la vie est la loi de croyance.*
> *Une croyance est une pensée entretenue par votre esprit conscient.*
> *Croyez en la puissance de votre subconscient. »*
> *- Joseph Murphy*

Les croyances sont les idées que nous avons sur nous-mêmes, sur les autres et sur la vie en général.

Les croyances portent sur ce que nous considérons **vrai ou faux, possible ou impossible.** Elles renvoient à ce que nous estimons être **capables** ou **incapables de faire.** Mais, très souvent tout cela sans preuve.

Quant à ce que nous considérons comme « **bien** » ou « **mal** », il relève, selon le langage du *développement personnel,* du domaine des **valeurs** et non des **croyances.**

Les croyances se forment essentiellement à partir de **vos pensées répétées et entretenues assez suffisamment dans**

le temps. Car, de cette manière, elles s'imprègnent profondément et solidement dans votre *Subconscient.*

En fait, une croyance négative est issue d'une pensée négative et une croyance positive provient d'une pensée positive.

En général, les pensées d'un homme sont réparties comme suit :

- 20 % positives
- 80 % négatives

Et une fois automatisées et devenues assez solides, ces croyances finissent à « **passer à l'action** ». Cela signifie que ces croyances en devenant assez fortes finissent par contrôler la direction de notre vie. Mais la plupart du temps cela se fait à notre insu.

Car, ces croyances agissent de façon très subtile. En effet, elles procèdent **progressivement, silencieusement et discrètement** à **guider notre comportement.**

D'autre part, une croyance est souvent une généralisation hâtive, sans réel fondement d'une expérience, d'une idée ou d'une opinion spécifique.

Malheureusement, c'est souvent la généralisation consciente ou inconsciente d'une idée négative.

Donc la majorité des croyances chez l'être humain sont négatives (plus de 80 %)

Exemple :

Un enseignant des mathématiques, en commentant la mauvaise note qu'a obtenue un élève dans son devoir, dit à l'élève : « c'est nul » ou « tu es nul ».

Mais l'élève généralise ce jugement verticalement et horizontalement !

Verticalement, en se considérant nul en mathématiques de façon générale et non par rapport à ce devoir spécifique.

Horizontalement, en se considérant nul dans toutes les autres matières ou même dans la vie entière !

Quelle est l'influence d'une croyance négative sur votre réussite dans la vie ?

Tout se joue dans la durée !

En effet, avec le temps, l'ensemble de vos croyances négatives se consolident et deviennent des forces vraiment redoutables.

Ces puissantes croyances se transforment ainsi en une sorte de lunettes déformantes à travers lesquelles vous commencez à voir et à interpréter le monde entier et vous-même.

Cela veut dire que les croyances renforcées ne s'arrêtent pas au niveau d'idées et de sentiments.

Mais, elles auraient aussi un impact nuisible très concret sur votre comportement, vos agissements, vos objectifs, vos rêves et enfin sur vos réalisations.

Toutefois, il faut souligner que la majorité de nos croyances nous viennent de nos différents environnements.

Et c'est surtout pendant notre tendre enfance que la plupart de ces croyances nous sont inculquées.

En effet, les croyances peuvent émaner de différentes sources :

- Nos propres pensées
- L'éducation, la famille,
- Les amis,
- L'école,

- Les lectures,
- Les médias
- etc.

Prenez le soin d'auditer, de temps en temps, vos croyances !

Les gens ne sont pas toujours en parfaite conscience de l'origine de leurs croyances. Et pourtant nombreux sont ceux qui ne remettent jamais en question leurs croyances fondamentales.

Ils ne se demandent même pas pourquoi et quand ils ont adhéré à ces croyances. Ils ne se demandent non plus si leurs croyances sont vraies ou s'elles leurs sont utiles pour *réussir dans la vie.*

Cela n'est pas très surprenant puisque la plupart des gens sont imprégnés par leurs croyances depuis si longtemps qu'elles sont devenues inconscientes.

Mais, le fait de prêter attention à nos pensées et à notre système de croyances peut grandement renforcer notre éveil, notre liberté, améliorer notre existence et nous rapprocher davantage de nos objectifs prioritaires.

Il est alors important de s'arrêter de temps en temps à nos croyances, les examiner et les réviser pour ne retenir que celles qui sont vraies, positives et utiles.

En résumé, une **croyance** est quelque chose que vous tenez pour vrai, mais souvent sans aucune preuve. Les croyances font partie du socle sur lequel se fondent votre monde psychique, vos comportements et vos relations sociales.

Si vous voulez prendre consciemment votre vie en main et être véritablement éveillé, il est alors capital d'auditer vos croyances de façon régulière.

Points à retenir

- **Les Pensées** sont les graines de votre esprit qui donnent naissance à tous les autres produits de votre mental. Les pensées sont ainsi les principaux fondements pour **réussir votre vie**.

- Votre vie est ainsi à l'image de vos pensées.

- Toute amélioration de votre vie en général et **de votre situation financière** en particulier passent ainsi inévitablement par vos pensées.

- Vous êtes capables de contrôler et gouverner consciemment et intentionnellement vos pensées et les orienter dans la direction de vos objectifs de liberté financière.

- **Les Croyances** sont les socles de vos attitudes et de vos actions.

- Si votre esprit est alimenté par des croyances positives et inspirantes, cela vous ouvrira le chemin **vers la liberté financière**, vers le bonheur et vers une meilleure qualité de vie.

- Si, au contraire, vous imprégnez votre esprit uniquement avec des croyances limitantes, alors cela se traduirait en une vie médiocre parsemée par des échecs et de manque.

- Il est alors nécessaire d'auditer régulièrement vos croyances pour écarter celles qui sont défaitistes et limitantes. Et vous devez privilégier et consolider celles qui sont vraies, libératrices, inspirantes et utiles. Vous devez surtout veiller à développer et protéger les croyances qui vous aident à avancer dans votre projet de liberté financière.

OBSTACLE N°2 : QUEL TYPE DE PEURS ET DE DOUTES AVEZ-VOUS ?

La Deuxième Grande Force :
La Peur

VERSLIBERTEGLOBALE.COM

Est-ce que vous avez peur de la liberté financière ?

La peur est une autre principale force qui empêche beaucoup de gens à quitter leur zone de sécurité pour aller vers leur liberté financière.

Et la plupart de nos peurs prennent racine dans les croyances qu'on nous a inculquées depuis notre tendre enfance.

On nous a fait croire que **l'intelligence financière** est un domaine trop compliqué pour nous et qu'il n'est réservé que pour une minorité d'experts hautement qualifiés.

En conséquence, on se sent souvent incapables face aux questions financières.

D'autre part, il ne faut pas oublier que dans ces temps difficiles, les personnes salariées ont une plus grande crainte de perdre leur emploi. Car, c'est leur unique source de revenu !

En fait, il n'est plus à démontre qu'aujourd'hui avec la mondialisation, l'emploi est désormais la source de revenu la plus vulnérable et la plus risquée.

Et de plus en plus de gens perdent effectivement le contrôle sur leur emploi. Parce que la première chose que les employeurs font quand leurs affaires vont mal, c'est de licencier les salariés.

De surcroit, la majorité des salariés n'ont suivi aucune formation pour développer leur intelligence financière. Car, comme vous le savez, l'intelligence financière n'est tout simplement pas enseignée dans nos écoles.

Par conséquent, la majorité des employés croient qu'ils sont, par nature, incapables de gagner leur vie en dehors du système salarial. Et la plupart du temps, ils n'osent même pas envisager d'autres alternatives.

L'entrepreneuriat est un domaine d'incertitude et de surprises...

De l'autre côté, dans notre voyage vers la liberté financière, on est appelé à faire constamment des choix importants et à prendre des décisions difficiles.

En plus, chaque choix et chaque décision comprend très souvent des risques plus au moins important.

Car, l'entrepreneuriat est, par nature, un domaine d'incertitudes et d'imprévisibilités.

De ce fait, face à chaque nouvelle situation, il y a une infinité de paramètres dont la majorité nous échappe totalement. Ce qui explique pourquoi les erreurs y sont très fréquentes.

Dans ces conditions, c'est tout à fait normal que l'entrepreneur ressent de temps en temps de la peur.

D'autre part, tout le monde ressent des peurs et des doutes. Et ceci pour différentes raisons. C'est un sentiment tout à fait naturel.

Donc, le problème ne réside pas dans la peur elle-même, mais dans la façon avec laquelle on la gère.

Les peurs et les doutes vont en général en pair. Ce sont deux émotions amoureuses qui ne se séparent presque jamais.

Elles se nourrissent mutuellement et continuellement. La peur amplifie le doute et le doute amplifie la peur. C'est une boucle infernale.

Dans ce sens, il n'est pas demandé à l'entrepreneur de ne jamais avoir peur des risques.

Par contre, ce qui est demandé à l'entrepreneur, pour réussir, c'est que sa volonté de réussir soit plus forte et plus grande que les peurs de prendre des risques.

Les peurs des perdants vs les peurs des gagnants

En effet, face aux risques, les chemins des gagnants et des perdants se séparent.

Les perdants ont tendance à critiquer les risques pour se trouver enfin paralysés par les peurs et doutes que ces derniers engendrent.

Alors que **les gagnant**s analysent, évaluent ces risques et en élaborent des plans de ripostes tout en continuant leur chemin vers la réalisation de leurs projets.

En fait, les critiques ne font qu'aveugler davantage les perdants alors que les analyses ne font que rendre les gagnants plus vigilants et plus éveillés.

Quant aux peurs qui représentent des obstacles à l'atteinte de la liberté financière, elles sont nombreuses.

Voici quelques exemples :

- La peur de rejets,
- La peur de prendre des risques,
- La peur d'échouer dans ce qu'on envisage d'entreprendre comme projet,
- La peur de quitter nos zones de sécurité,
- La peur de perdre quelque chose notamment de l'argent,
- La peur d'être vu comme un perdant par son entourage.

Chacune de ces peurs à elle seule peut nous empêcher d'aller de l'avant vers la réalisation de nos objectifs et de nos projets.

Alors que mêmes les riches ont leurs peurs...

Sachez alors gérer vos peurs pour réussir en affaire

Oui, mêmes les riches et les personnes à succès ont leurs propres peurs et leurs propres doutes.

Mais, une caractéristique fondamentale des riches, c'est qu'ils savent comment maitriser et surmonter leurs peurs pour passer à l'action.

C'est, en fait, la manière d'orienter ses peurs qui fait toute la différence entre un gagnant et un perdant.

Tout le monde aime être riche. Tout le monde aspire à la liberté financière. Mais, la plupart des gens ne passent jamais à l'action parce qu'une ou plusieurs types de peurs les bloquent.

Et c'est pour cette raison qu'au final, seulement une toute petite minorité de personnes qui parviennent à savourer concrètement leur liberté financière. Leur secret tient essentiellement à leur capacité de retenir, de surpasser et de diriger leurs différentes peurs.

Que votre rêve soit plus grand que vos problèmes !

Ainsi, gagner signifie agir malgré la peur de perdre et d'échouer. Autrement dit, gagner c'est le résultat du fait que la volonté de réussir est plus forte que la peur d'échouer.

Dans d'autres termes, les perdants se concentrent sur ce qu'ils ne veulent pas alors que les gagnants, à l'inverse, se focalisent sur ce qu'ils désirent.

Lisez les biographies de tous les self-made multimillionnaires qui ont commencé de zéro. Vous allez vous rendre compte que tous avaient une volonté de réussir beaucoup plus forte que leur peur d'échouer. Et ils agissaient pour gagner et non pour ne pas perdre.

Cette façon de réagir face à la peur et aux échecs représente un secret en or pour les personnes qui veulent se lancer dans le monde libre de l'entrepreneuriat. Et notamment à ceux qui désirent réussir leur projet de liberté financière.

Faites de l'action votre redoutable arme contre vos peurs !

C'est bien de définir de très bons objectifs. C'est aussi bien d'élaborer de beaux plans. Mais, si vous ne traduisez pas tout cela en actions concrètes, vous allez tout simplement continuer à stagner dans votre situation.

En général, la peur n'est pas causée par une quelconque cause externe. Elle émane plutôt de notre monde interne.

Elle est souvent une conséquence de notre conditionnement. Elle prend naissance à partir de nos idées et de nos croyances sur nous-mêmes et sur le monde.

En fait, la plupart des peurs des gens ne sont que des illusions. Des fantasmes qui sont les construits de leur propre mentale.

La peur prend également très souvent racine dans le manque de la confiance en soi.

La peur peut aussi être un signe qu'on est en train de progresser...

D'un autre côté, on ne peut jamais faire disparaitre totalement nos peurs. Elles sont surtout intenses quand on envisage de s'engager dans de nouveaux projets.

Et dans ce cas, elles sont une preuve qu'on est sur le point d'apprendre quelques choses de nouveau. Ou, qu'on est en cours d'évoluer et de progresser dans de nouveaux chantiers.

La meilleure solution pour atténuer ces peurs, c'est de passer immédiatement à l'action.

En effet, la peur disparait progressivement avec les actions effectives que l'on entreprend.

Dans ce sens, si vous n'avez plus peur, cela signifie que vous ne progressez plus ! Vous êtes plutôt piégé dans votre zone de sécurité.

Alors, quelle que soit votre situation financière actuelle. Et quelle que soit la situation financière cible à laquelle vous aspirez.

Pour avancer, il faut commencer à agir le plus rapidement possible vers la réalisation de vos objectifs. L'important est de faire chaque jour un pas vers vos rêves.

Et ce n'est pas la grandeur de ces actions qui comptent le plus mais, c'est leur régularité et leur constance dans le temps qui est le gage principal de succès.

Alors :

Avez-vous peur de devenir un entrepreneur ?

Ou avez-vous peur de rester employé pour toujours ?

Si vous avez assez d'être salarié au service d'autres personnes.

Si vous voulez voler par vos propres ailes.

Si vous voulez prendre véritablement votre vie en main.

Vous devez alors envisager, dès cet instant, de vous libérer du système salarial afin de créer votre propre business.

Et commencez dès aujourd'hui à faire un petit pas en direction de votre rêve de liberté financière.

Ne serait-ce qu'une petite action !

L'important, c'est de commencer puis de continuer !

OBSTACLE N°3 : AVEZ-VOUS UNE VISION CLAIRE ET UN POURQUOI FORT DANS LA VIE ?

« Tout le monde croit que le fruit est l'essentiel de l'arbre quand, en réalité, c'est la graine. »
- Nietzsche

Pourquoi l'absence de « Pourquoi » est un obstacle sérieux ?

Dans le monde libre de l'entrepreneuriat, chaque individu a son propre but et ses propres attentes.

C'est le **pourquoi** profond de chacun qui le motive et qui donne sens à ses aspirations, ses décisions, ses choix et ses actions.

Le pourquoi représente ainsi une fondation capitale à tous les choix, actions et mesures qu'on sera appelé à entreprendre à l'avenir.

Ce n'est donc pas un hasard si dans l'entrepreneuriat, on considère que le « **pourquoi** » et « la **vision** » sont des **éléments préliminaires fondamentaux au succès dans ce domaine**.

A mon sens, il y a au moins **4 raisons distinctes** à cela :

1. La première raison : l'entrepreneuriat est **un domaine de longue haleine**. Les fruits recherchés n'apparaissent pas immédiatement. Il faut plusieurs mois du travail constant et tenace avant que les résultats ne commencent à se faire sentir.

   Mieux encore, c'est qu'au début des projets, l'entrepreneur est appelé à investir. C'est-à-dire, dans le début, l'argent sort plus qu'il entre.

   C'est pourquoi la plupart des nouveaux entrepreneurs abandonnent justement durant ces premiers mois de vaches maigres. Ils ne peuvent plus poursuivre leurs objectifs et continuer à faire face à davantage de défis et d'obstacles.

2. La deuxième raison : L'entrepreneuriat exige **un effort soutenu** avec un ensemble de petites actions quotidiennes dans lesquelles on ne trouve pas nécessairement du plaisir.

3. La troisième raison : L'entrepreneuriat est basé sur la **libre entreprise**. Il se fonde sur **une autonomie totale** des entrepreneurs. Il n'y a ni hiérarchie ni organisation formelle. Si vous êtes entrepreneur, vous êtes alors 100% responsable de votre réussite.

4. La quatrième raison : **Les habilités et compétences nécessaires** au développement de votre business s'acquièrent dans le temps, dans des formations et dans la pratique sur le terrain.

Le pourquoi est une affaire du cœur et de la raison !

C'est essentiellement à cause de l'ensemble de ces quatre raisons que la plupart des nouveaux entrepreneurs n'arrivent pas à tenir le coup jusqu'au bout. Ils abandonnent ainsi prématurément leur projet.

Dans d'autres termes, ces entrepreneurs ne sont pas bien préparés mentalement et émotionnellement.

En particulier, ils ne comprennent pas assez profondément que pour persévérer et réussir dans l'entrepreneuriat leur «**Pourquoi**» est plus décisif que le «**Comment**» !

Je rappelle que j'entends par « **pourquoi** », le **but** plus la **vision**, pour lesquels nous nous engageons dans l'entrepreneuriat.

Pourquoi = But + Vision

Le pourquoi est ainsi une affaire du cœur (but) et de la raison (vision).

Dans ce sens, le vrai pourquoi est plus profond que l'argent. Le véritable pourquoi, c'est la raison de cet argent et de ce que nous allons faire avec cet argent.

C'est la réponse à la question : quel est notre **objectif ultime** et quel est **le résultat final** recherché de notre engagement dans le monde de l'entrepreneuriat.

Le « pourquoi » est centré sur nous-mêmes, le « comment » est focalisé sur l'autrui !

Si le pourquoi est une affaire du cœur et de la raison, il est alors une responsabilité que nous devons prendre vraiment au sérieux.

D'autre part, le « pourquoi » est un **travail d'introspection** que nous devrons réaliser sur nous-mêmes.

Un travail, qui une fois bien fait, permettrait de surmonter les différents auto-blocages et auto-sabotages mentaux ou émotionnels qui pourraient nous empêcher de persévérer et d'avancer en direction de notre réussite.

Par conséquent, le « pourquoi » est centré essentiellement sur nous-mêmes, sur nos valeurs, nos perceptions du monde, nos rêves et nos objectifs.

C'est une sorte de projection assez claire dans le futur de notre **Être, Faire et Avoir**.

Quant au « **comment** », il s'agit simplement des démarches à poursuivre et des stratégies à appliquer dans notre activité de l'entrepreneuriat.

Il renvoie généralement à la question « **qu'est-ce qu'il faut faire** » pour réussir dans l'entrepreneuriat.

De ce fait, le « comment » est principalement focalisé sur l'autrui, c'est-à-dire comment approcher les clients, les prospects et les partenaires.

Par conséquent, nous devons d'abord identifier et consolider notre profond « pourquoi » pour pouvoir apprendre le « comment » indispensable à notre réussite.

Est-ce que cela veut dire que le « Comment » n'est pas important ?

D'abord, il ne faut pas comprendre que je dis que le « comment » est sans importance.

Non ! Au contraire ! Le « comment » est aussi très important !

Mieux encore, c'est une des clés fondamentales de la réussite dans l'entrepreneuriat.

Par contre, ce que je veux souligner ici, c'est que le « pourquoi » est quand même plus important que le « comment » dans l'atteinte des objectifs dans l'entrepreneuriat.

En fait, le pourquoi est la clé n°1 du succès dans l'entrepreneuriat. Sans pourquoi le comment perd toute son importance et toute sa signification.

Et avec un pourquoi assez ancré et clair, on arrive toujours à trouver un comment pour le réaliser.

Finalement, ce que l'on cherche, c'est de **joindre un comment efficace à un pourquoi puissant**. Parce que lorsqu'on parvient à avoir les deux en même temps alors attendez-vous aux miracles !

Pourtant, il est très rare de les avoir spontanément à la fois dès le début ! Ceci exige du travail et du temps !

Quel est alors le secret principal des 3% des entrepreneurs à succès ?

Les statistiques sont désormais très connues sur le taux d'abandon dans l'entrepreneuriat.

Elles se situent entre 95% et 97% des nouveaux entrepreneurs qui abandonnent durant la première année ! Les questions qui s'imposent ici sont :

- Quel est le secret des 3% des entrepreneurs à succès ?

- Qu'est-ce qui leur a permis de surmonter la période difficile du début ?

- Comment ils ont pu persévérer durant tout ce temps avec pratiquement que des « échecs » alors que les autres 97% n'ont pas pu ?

- Et qu'est-ce qui, malgré tous ces efforts sans fruit, leur est venu en aide afin de pouvoir continuer d'avancer ?

Dans tous les cas, ce n'est pas le « comment » ! Puisque, tout simplement, c'est durant cette phase qu'on découvre et on apprend ce comment !

Si vous m'avez suivi jusqu'ici, je pense que vous avez trouvé vous-même la réponse, n'est-ce pas ?

Eh bien la cause principale de ce taux élevé d'abandon réside dans l'absence d'un élément primordial.

C'est le manque d'un « **Pourquoi = But + Vision**» **fort et clair** derrière l'engagement dans l'entrepreneuriat.

Est-ce que nous pouvons identifier notre pourquoi d'un seul coup et à 100 % ?

La réponse est en général : Non !

Cela veut dire que, souvent, le pourquoi nécessite aussi d'être travaillé dans la durée.

En effet, il est constaté qu'avant de nous tourner sérieusement vers notre profond intérieur, nous ne connaissons pas notre propre pourquoi d'une façon assez claire et précise.

D'autre part, l'ignorance de notre pourquoi est due essentiellement à notre éducation et à notre conditionnement.

Il ne nous a pas été inculqué la bonne habitude de se poser des questions fondamentales sur le sens de notre vie, sur la direction de notre existence, sur nos vraies valeurs et sur nos véritables désirs et rêves.

Par conséquent, dans la vie de tous les jours, nous sommes plus entraînés par les aléas des événements externes que par nos propres choix.

Ainsi, le « Pourquoi » est un travail conscient d'introspection qui ne se fait pas du jour au lendemain. C'est aussi un effort de concentration sur soi-même pour :

· Développer notre éveil, notre conscience et notre liberté interne.

· Nous libérer des contraintes et influences négatives externes.

· Nous habituer à prendre notre vie en main.

- Nous focaliser sur nos propres choix et objectifs.

- Prendre de temps en temps de recul par rapport à notre quotidien pour essayer de nous projeter dans notre profond intérieur et de nous projeter aussi dans le futur pour visualiser ce que nous voulons vraiment devenir dans 5 ans ou dans 10 ans.

Le pourquoi et la vision élargissent notre zone de confort et nous soutiennent dans les durs moments !

Lorsque nous débutons notre activité dans l'entrepreneuriat, nous n'avons pas encore tout appris.

Nous ne disposons pas de toutes les informations sur chaque facette de ce nouveau métier.

Nous n'avons pas de visibilité claire sur les détails du chemin à parcourir dans notre voyage.

Tout ceci est bien normal !

Mais, étant donné que tout est nouveau pour nous, nous avons le sentiment que nous sommes un peu perdus, un peu déboussolés.

Nous nous trouvons dans le flou et dans le brouillard.

Et dans les apparences, nous sommes très motivés et nous avons hâte de savoir tous les moindres détails sur comment faire pour réussir dans ce nouveau métier.

Mais, dans la réalité, nous avons peur de quitter notre *zone de confort* et nous avons peur d'échouer !

Par conséquent, nous nous concentrons sur les méthodes, les outils, les personnes, les techniques, les situations. Bref, sur les conditions externes.

Alors, que très souvent, ce ne sont pas ces conditions externes qui nous bloquent.

Nous nous limitons nous-mêmes ! Nous adoptons des croyances défaitistes et des attitudes autodestructrices.

D'autre part, nous n'avons aucun contrôle sur les conditions extérieures et, en général, nous ne pouvons pas les changer.

Par contre, ce que nous pouvons faire, c'est de choisir notre réponse à ces événements et à ces conditions externes. Ainsi, nous contrôlons l'effet de ces événements sur nous.

Quant au « pourquoi » il est centré sur nous-mêmes.

Et c'est la puissance de ce « pourquoi » qui est capable de nous permettre d'élargir notre **zone de confort**, de nous libérer de nos peurs, de nos croyances négatives, des attitudes et des habitudes qui nous empêchent d'avancer.

Si nous entretenons notre pourquoi dans la durée, il sera tout le temps à notre côté pour nous servir de guide et nous montrer la bonne direction !

Et dans les durs moments, lorsque nous serons dans le brouillard dans le doute ou dans la grande fatigue, il sera notre boussole qui nous ramènera sur le chemin de nos objectifs.

Un fort pourquoi nous procure encore une multitude d'avantages.

En voici les 13 avantages les plus importants.

Les 13 raisons principales de l'importance du « Pourquoi » dans l'entrepreneuriat

Le secret du succès dans l'entrepreneuriat
a un nom : **la Persévérance.**

Et la clé d'or de la Persévérance est : **un Pourquoi puissant !**

Il est vrai que le succès dans le monde libre de l'entrepreneuriat ne dépend pas d'un élément unique. Il s'appuie sur un ensemble de conditions.

Pourtant, un fort pourquoi constitue sûrement la base fondamentale à toutes les autres clés de succès.

D'autre part, ce qui est certain, c'est qu'avec l'absence totale d'un pourquoi, on ne saura jamais franchir les premiers obstacles qui se présenteront inévitablement sur notre chemin !

Et je vous invite aussi à bien réfléchir aux conclusions suivantes :

1. Nous avons le contrôle sur notre pourquoi. Puisqu'il ne dépend que de nous. Il est lié à nos valeurs, notre vision et notre rêve.

2. Quant au comment, il dépend d'une multitude de variables externes et changeantes sur lesquelles nous n'avons aucun contrôle immédiat.

3. Le pourquoi, nous le déterminons dans des moments singuliers de notre vie. Le comment, nous l'apprenons tout le temps et chemin faisant.

4. Le pourquoi nous donne de l'orientation et de l'énergie pendant que nous apprenons le comment.

5. Le pourquoi est généralement stable. Le comment est dynamique, évolutif et flexible pour s'adapter aux différents contextes.

6. Le pourquoi est la boussole qui donne du sens à notre vie, guide nos choix, trace les orientations à nos actions et fournit de l'énergie à notre endurance. Le comment est un moyen pour servir la réalisation de nos objectifs.

7. D'autre part, il y a toujours une courbe d'apprentissage nécessaire pour acquérir les compétences appropriées au

développement de votre propre business.

8. Et ce cycle d'apprentissage nécessite au moins deux choses. Un temps assez suffisant. De la pratique et des efforts constants et réguliers pendant chaque jour de cette période.

9. Aussi pour pouvoir persévérer pendant ce temps d'apprentissage et faire face aux différents défis et obstacles, il faut être soutenu et motivé par un « pourquoi » assez puissant.

10. **Thomas Edison** ne savait pas comment créer une ampoule mais il avait un rêve et la volonté pour aller jusqu'au bout !

11. L'absence totale de « pourquoi » aboutirait certainement à l'abandon avant la saison de récolte !

12. Avec le « comment » le plus performant soit-il, sans un pourquoi derrière, ça ne mènera nulle part !

13. Un pourquoi suffisamment fort cherchera toujours un comment approprié, sinon, il en inventera un de toute pièce !

Et vous, quel est votre Pourquoi ?! »

A présent, reprenons la citation de **Nietzsche :**

> *« Tout le monde croit que le fruit est l'essentiel de l'arbre quand, en réalité, c'est la graine. »*

Alors, est-ce que vous voyez avec moi les analogies suivantes :

· **L'arbre** : c'est **votre business** dans le monde de l'entrepreneuriat.

· **Le fruit** : c'est les **résultats obtenus** dans votre affaire l'entrepreneuriat.

· **La graine** : c'est votre **pourquoi (But + Vision)**.

OBSTACLE N°4 : QUEL EST L'IMPACT DE VOS MAUVAISES HABITUDES SUR VOTRE SUCCÈS ?

« L'habitude est la fonction de votre subconscient. Vous êtes une créature d'habitudes qui deviennent automatiques, une fois inscrite dans le subconscient. »

-William James

Les Habitudes :
Les fondations de
votre caractère
et de votre destinée

STOP BAD HABITS

VERSLIBERTEGLOBALE.COM

Les mauvaises habitudes peuvent constituer un grand obstacle pour l'atteinte de votre objectif de liberté financière.

Parmi ces habitudes, on peut citer :

- Le manque de persévérance,
- Le manque de détermination,
- Le manque d'engagement,
- Le manque d'audace,

- L'absence de priorité,
- La perte de temps et d'énergie dans des activités futiles et improductives (TV, réseaux sociaux, trop de sorties avec les amis…)

Les Habitudes : les fondations de votre caractère et de votre destinée

Francis Bacon dit que : « *L'habitude est le plus grand guide de la vie* »

C'est la raison pour laquelle il nous faut essayer à tout prix de prendre de bonnes habitudes.

Qu'est-ce qu'une habitude ?

Une habitude est une action que l'on répète régulièrement sans grande concentration et à moindre effort.

L'habitude se fonde essentiellement sur **l'apprentissage et la répétition** consciente d'une action qui demande de l'effort et de l'attention.

Autrement dit, l'habitude exige du temps pour répéter une action assez complexe jusqu'à elle devienne plus au moins automatique.

Faire une action complexe pour la première fois exige une attention consciente, mais plus on la répète, moins elle nécessite de la concentration.

En fait, biologiquement, chaque action est traduite par une interconnexion d'un ensemble de neurones.

Avec chaque répétition de l'action, cette interconnexion s'intensifie davantage et devient durable et plus profonde.

Le rôle du contexte

En général, une action est associée à des stimuli externes

spécifiques.

Une fois l'action est transformée en *habitude,* le lien de cette dernière et les stimuli externes associés s'intensifient.

Finalement, ces stimuli deviennent des catalyseurs et des déclencheurs systématiques de *l'habitude.*

D'où l'importance du contexte pour une *habitude.*

Le contexte est défini principalement par :

- Un endroit particulier,
- Une heure précise,
- Ambiance bien définit : lumière, couleurs, sons…
- Des objets spécifiques.

Exemple

Chaque jour, à une heure précise de la journée, Amine s'assoit devant son ordinateur et commence à écrire avec aisance des articles pour son Blog. A une autre heure de la journée, Amine serait incapable d'écrire ses articles avec autant de facilité et de fluidité.

Ce n'est que grâce à l'effet de l'habitude d'écrire chaque jour à une heure bien précise de la journée et dans un endroit bien particulier que l'on arrive à le faire efficacement, aisément et avec beaucoup de plaisir et de créativité.

Presque tous les grands écrivains ont leurs propres heures et endroits favorables pour entamer leur activité d'écriture.

Ainsi, *l'habitude* réfère à une action assez complexe que l'on reproduit plus au moins spontanément et avec aisance.

Le poids des mauvaises habitudes

Les habitudes sont à double tranchant. Quand elles sont utiles, les *habitudes* nous servent à accomplir des tâches et à réaliser des actions efficacement et à moindre effort.

Mais, lorsqu'elles sont mauvaises, elles peuvent impacter notre santé psychique, mentale et physique. Telle l'habitude de fumer et de se droguer.

D'autres *habitudes* s'avèrent limitantes surtout quand on décide d'entreprendre de nouveaux projets ou d'atteindre des objectifs plus ambitieux.

Par exemple, regarder passivement la TV plusieurs heures par jour, nous consume énormément du temps à tel point qu'elle nous empêche de s'adonner sérieusement à nos nouveaux objectifs.

Dans ce sens, si on décide d'écrire un livre sur un domaine ou un problème spécifique. Ce projet exige de nous, de lui consacrer au moins 2 heures par jour pour chercher, collecter, analyser des données, écrire, corriger...

Etant donné que notre journée est tellement chargée qu'on n'a alors qu'un seul choix : puiser dans le temps passé habituellement devant la TV pour l'allouer au nouveau projet.

On commence alors notre projet avec beaucoup d'enthousiasme.

Un jour passe, puis le 2ème, le 3ème jour et peu à peu, on se sent fatigué.

La passion initiale s'affaiblit et de plus en plus le désir d'aller se mettre devant la TV, pour regarder nos émissions préférées, s'intensifie.

Souvent, au final, on cède devant la pression grandissante de l'ancienne habitude et on abandonne notre projet d'écrire le livre !!

Et c'est comme cela que la majorité de nos bons projets ne voient jamais le jour !

Mais, est-ce que changer une habitude est une chose facile ?

Oui, c'est tout à fait possible.

Points à retenir

- Les habitudes sont les fondations de votre caractère et de votre destinée. Elles peuvent vous aider à réaliser vos rêves ou au contraire elles vous paralysent compétemment.

- Vos bonnes habitudes guident vos pas et donnent de la fluidité à vos actions.

- Vos anciennes habitudes limitantes peuvent entrer en conflit avec vos nouveaux projets. Elles peuvent ainsi vous freiner et même vous empêcher carrément d'accomplir vos ambitieux objectifs.

- Le contexte joue un rôle important pour stimuler une habitude. Profitez de cette réalité pour faciliter l'ancrage des nouvelles habitudes que vous désirez développer.

OBSTACLE N°5 : COMMENT VOUS DÉBARRASSER DE VOS ATTITUDES BLOQUANTES ?

« C'est votre Attitude et non votre Aptitude qui déterminera votre Altitude »
- Zig Ziglar

Il va sans démontrer que nos attitudes jouent un rôle important aussi bien dans nos réussites que dans nos échecs.

En fait, tout est question d'Attitudes !

C'est pour cela **que les attitudes négatives sont parmi les plus redoutables obstacles à notre réussite en liberté financière.**

Il est alors primordial de se poser les questions suivantes :

Est-ce que mes attitudes sont positives ou négatives ?

Autrement dit, est-ce que mes attitudes me permettent-elles de :

- Fonder une meilleure qualité de vie ?
- Construire de bonnes relations ?
- Réaliser tout ce que je désire ?
- Ou, est-ce que c'est tout à fait le cas contraire ?
- Et dans ce dernier cas, ai-je besoin de faire de grands

changements dans ma vie ?

Qu'est-ce qu'alors une attitude ?

Une attitude est un état interne qui se manifeste à travers les comportements.

Devant le même verre d'eau, une personne ne voit que la moitié vide, une autre personne ne voit que la moitie remplie.

Quelle est la différence entre ces deux personnes ?

La réponse : **C'est leur attitude** !

Dans chaque situation, même la plus pénible, il y a des éléments positifs et des leçons utiles à tirer.

Pourtant, seuls ceux adoptant de bonnes attitudes qui sont capables de déceler de tels éléments et apprendre de telles leçons.

Heureusement, on a le pouvoir de changer une attitude pour en adopter une meilleure.

Mais, il faut souvent s'entrainer pendant une certaine période pour que cette nouvelle attitude soit intériorisée et devienne spontanée.

Les Attitudes : les fondements de vos relations sociales

> « Les aptitudes sont ce que vous pouvez faire.
> La motivation détermine ce que vous faites.
> Votre attitude détermine votre degré de réussite. »
> **- Lou Holtz**

Les attitudes sont des positions mentales qu'a un individu vis-à-vis des valeurs et des comportements sociaux.

Elles expliquent les comportements et les réactions de l'individu face aux stimuli sociaux.

Les attitudes peuvent aussi être des prises de positions mentales et psychiques dictées par des besoins et intérêts de la personne.

Des experts en psychologie confirment que si l'on connait, à l'avance, les *attitudes* d'une personne, ça peut nous servir pour prédire ces réactions devant des situations sociales bien déterminées.

Dans ce sens, **les attitudes** d'une personne sont **le résultat du mariage entre ses croyances et ses expériences sociales.**

Par conséquent, **les attitudes sont dynamiques et évolutives** en fonction des nouvelles expériences et croyances dans la vie.

Ainsi, les *attitudes* sont, en quelque sorte, la traduction constante de nos pensées et croyances en matière de positions, comportements et relations sociales.

C'est pour cela que les *attitudes* sont très importantes dans **le domaine relationnel** que ce soit dans le cadre familial, social ou professionnel.

Par exemple, dans le domaine commercial et de marketing, on insiste beaucoup sur les qualités des *attitudes* de ses professionnels et praticiens.

Mieux encore, dans plusieurs domaines professionnels, on considère que **les bonnes attitudes sont les clés de succès les plus importantes et les plus prioritaires.**

Quels types d'attitudes choisissez-vous ?

« Les riches se focalisent sur les opportunités.
Les pauvres se focalisent sur les obstacles.
Les riches sont d'excellents récepteurs.
Les pauvres sont des récepteurs médiocres »
- Harv Eker

Pour faire simple, on peut classer les attitudes en deux grandes catégories : les attitudes des Perdants et les attitudes des Gagnants.

Les Perdants adoptent des attitudes négatives qui leur rendent la vie plus compliquée et plus difficile.

- Les perdants voient la moitié vide du verre.

- Dans toute situation, les perdants ne perçoivent que les côtés sombres.

- Ils voient les problèmes partout.

- Ils sont incapables de déterminer ce qu'ils veulent vraiment.

- Ils sont proie aux conflits entre deux systèmes de leur cerveau : l'esprit conscient et l'esprit subconscient.

- Ils ne se concentrent que sur les obstacles et les blocages.

- Ils ne savent pas profiter des opportunités mêmes si celles-ci leur passent devant yeux.

- Ils passent tout leur temps à se plaindre, à blâmer et critiquer les circonstances et les autres personnes.

- Ils laissent leurs peurs et leurs doutes les empêcher de se lancer dans de nouveaux projets.

- Ils n'acceptent pas les échecs. Ils ont honte quand ils leur arrivent de faire des erreurs.

- Les rejets les effraient et ne les laissent pas avancer.

- Devant les obstacles et les défis, ils ne cherchent qu'à s'enfuir.

- Ils évitent tout risque.

- Ils ne s'aventurent jamais dans le monde des affaires.

- Ils n'accomplissent que rarement et difficilement la réalisation de leurs objectifs.

- Ils sont emprisonnés dans leur étroite zone de confort.

Quant aux Gagnants, ils choisissent des attitudes positives qui leur rendent la vie facile et agréable.

- Les gagnants voient la moitié remplie du verre.

- Les gagnants reconnaissent que la vie est parsemée de défis et de difficultés. Pourtant, cela ne les empêche pas de voir la vie en rose.

- Ils considèrent que le monde est fait d'opportunités.

- Ils recherchent les bons côtés dans toute situation.

- Ils se considèrent responsables à 100 % sur tout ce qui leur arrive dans la vie.

- Ils vivent en harmonie avec leurs valeurs et leurs croyances.

- Devant les défis, ils cherchent des moyens et des solutions pour réussir.

- Les échecs n'existent pas dans leur dictionnaire. Pour eux, les échecs sont plutôt des expériences qui les rendent davantage plus fort et plus sages.

- Leurs peurs ne les empêchent pas de s'aventurer dans des terrains nouveaux. Ils osent agir et avancer malgré leurs peurs.

- Leurs doutes ne les bloquent pas d'avancer dans la réalisation de leurs objectifs et de leurs projets.

- Ils acceptent leurs faiblesses et leurs erreurs.

- Ils cherchent, en permanence, à s'améliorer en apprenant de nouvelles compétences.

- Ils savent prendre des risques avec courage.

- Ils sont très ouverts sur le monde d'entreprenariat et des affaires.

- Ils développent facilement l'esprit de leadership.

- Ils vont jusqu'au bout pour atteindre leurs rêves.

- Ils savent s'associer à d'autres personnes ressources pour progresser ensemble et pour raccourcir les chemins vers le succès.

- Ils rejettent le rejet.
- Ils restent ouverts et apprennent tout le temps de nouvelles choses.
- Ils s'appliquent, régulièrement, à apporter un cran en plus.
- Ils considèrent l'échec comme une expérience qui leur permet de réajuster le tir.
- Ils gardent toujours à l'esprit que l'erreur est une partie indissociable du processus du succès.

Toute personnes a ainsi le pouvoir de choisir soit :

- D'adopter les attitudes d'abondance et d'optimisme. C'est-à-dire celles des personnes gagnantes.
- Ou d'adopter les attitudes de manque et de pessimiste. C'est-à-dire celles des personnes perdantes.

Que choisissez-vous alors ?

Dites-moi de quel type sont vos questions et je vous dirai qui êtes-vous !

« Certaines de vos plus belles batailles seront menées dans les chambres silencieuses de votre âme. »
- Azra Taft Benson

Les types de questions que nous posons dans notre vie quotidienne traduisent souvent la nature de nos attitudes.

On peut ainsi pouvoir également distinguer les types de questions posées par les Gagnants et celles posées par les Perdants.

En voici quelques exemples :

Les Perdants commentent ou posent toujours des questions du genre :

- Pourquoi ceci arrive à moi ?
- Les événements sont toujours contre moi !
- C'est la pire situation qui ne m'est jamais arrivée !
- Je ne sortirai jamais gagnant de cette situation !

Les Gagnants posent des questions de nature tout à fait différente :

- Comment pourrais-je retourner cette situation à mon avantage ?
- Quel bénéfice potentiel se cache dans cette mauvaise situation ?
- Quelle leçon puis-je tirer de ce problème ?
- Je trouverai sûrement une solution à ce problème !

Et vous, de quelle nature sont vos Questions ?

Points à retenir

- Les attitudes sont les fondements de vos relations sociales.

- Selon la nature de nos attitudes, elles peuvent nous aider énormément dans nos réussites, ou au contraire nous enfoncer profondément dans nos échecs.

- Vos attitudes sont les résultats du mariage entre vos croyances et vos expériences sociales.

- Vos attitudes sont les clés de succès dans votre vie familiale, sociale et professionnelle.

- Souvenez-vous que les bonnes occasions ne sont saisies que par ceux qui adoptent des attitudes positives et optimistes.

- Dans plusieurs domaines professionnels, les bonnes attitudes sont considérées en tant que clés de succès les plus importantes.

- Gardez toujours à l'esprit que l'envergure de vos questions détermine l'ampleur des résultats.

- Posez-vous alors les bonnes questions et vos résultats s'amélioreront remarquablement !

OBSTACLE N°6: L'IGNORANCE, LA PARESSE ET L'ARROGANCE, 3 FÂCHEUSES TENDANCES À CHANGER IMMÉDIATEMENT!

> *« L'homme qui est au sommet de la montagne n'est pas tombé là. »*
> - **Vince Lombardi**

L'Ignorance, la paresse et l'arrogance sont trois autres obstacles qui peuvent empêcher les gens à bâtir une vie d'abondance et de liberté.

Ce sont, en fait, trois différents obstacles, mais qui ont presque les mêmes effets en termes de liberté financière.

I. La paresse

La paresse peut être définie comme la tendance à ne rien faire lorsque les choses doivent être faites.

La paresse nous pousse à négliger nos devoirs et à manquer à nos responsabilités.

La paresse peut prendre plusieurs formes :

- La procrastination. C'est-à-dire, toujours remettre au lendemain ce qui peut être ou doit être fait le jour même.
- Commencer un projet et l'abandonner rapidement.
- Privilégier les gratifications immédiates sur les grandes réussites à long terme.

Les sources possibles de la paresse sont diverses :

- Absence de grandes aspirations.
- Absence de rêves ambitieux.
- Absence de confiance en soi.
- Manque de sagesse et de bon sens
- Manque d'autodiscipline.
- Un faible caractère de personnalité.
- Une faible volonté.
- Une répugnance envers tout effort.
- Une mauvaise éducation.
- Une mauvaise fréquentation.

Alors que la liberté financière est un projet qui exige :

- **De l'autodiscipline** : ce qui signifie de rester focaliser sur vos objectifs prioritaires jusqu'à leur aboutissement. De dire non à tout ce qui peut vous distraire et de vous dévier de la trajectoire de vos objectifs. De faire constamment des actions qui vous rapprochent davantage de votre rêve. Et ceci même si vous ne trouvez aucun plaisir de ces actions.

- **De la persévérance** : il ne suffit pas de commencer un projet. Encore faut-il déployer des efforts soutenus dans le temps jusqu'à l'accomplissement de vos objectifs.

- **De l'audace** : cela signifie de ne pas abandonner au premier échec. Mais chaque fois vous tombez, vous devez vous relever le plus rapide possible. Vous continuez votre chemin avec plus de détermination. Vous tirez des leçons de vos échecs provisoires. Vous considérez ces derniers comme des tremplins vers plus de sagesse et de progrès.

- **D'être organisé** : cela veut dire que vous donnez la priorité aux objectifs les plus importants. Vous gérez votre temps pour être toujours productif et pour améliorer continuellement vos performances.

- **De faire des sacrifices temporaires pour des résultats à long terme.** Dans ce sens, vous devez oublier provisoirement certains de vos divertissements ou au moins d'en minimiser le temps que vous y passez. De faire face aux différentes sources qui pourraient vous consommer inutilement votre temps et votre énergie.

- **Bref, d'adapter votre vie à votre rêve**. De développer des routines qui vous permettraient d'être plus productif et plus performant. De construire des habitudes qui vous aideraient à avancer constamment dans la réalisation de votre rêve.

Si vous n'avez pas cette capacité de maitriser ces différentes habilités qui vont vous assurer l'accomplissement de vos objectifs prioritaires, alors vous avez deux choix :

- Soit, de laisser tomber votre rêve de devenir financièrement libre ;
- Soit de faire en sorte d'apprendre le plus rapide possible à développer ces habilités indispensables pour votre succès.

II. L'Ignorance

Les types d'ignorances les plus souvent rencontrés sont :

- Ne pas savoir ce qu'on est capable d'accomplir.

- Ignorer qu'on a d'énormes ressources et potentiels non encore bien exploités.

- Ignorer les nouvelles opportunités que présente la nouvelle ère de l'information.

- Ignorer comment faire pour aller vers la liberté financière.

- ignorer qu'on est toujours capable d'apprendre des stratégies appropriées pour bâtir une vie d'abondance et de liberté.

- etc.

III. L'arrogance

En termes de la liberté financière, l'arrogance peut se manifester de plusieurs façons :

- Être centré sur soi au lieu d'être centré sur les besoins des autres et sur comment les aider...

- Considérer que ce que nous ne savons pas n'est pas important.

- Être victime du complexe des diplômes.

- Sentir ne plus avoir besoin d'apprendre.

- Ne pas reconnaitre nos faiblesses et nos points faibles.

- Ne pas prendre des leçons de nos erreurs et de nos échecs provisoires. Au lieu de cela nous blâmons les autres et nous critiquons les circonstances.

- Travailler en solo en considérant que nous n'avons besoin de personne pour réussir. Alors qu'aujourd'hui, il est presque impossible de réussir en s'appuyant uniquement sur ses propres connaissances et ses propres efforts...

Conclusion

Les ignorants, les paresseux et les arrogants about-issent presque aux mêmes conséquences :

- Ils ne passeront pas à l'action.
- Ils feront du surplace durant toute leur vie.
- Ils subiront passivement ce que les circonstances externes leur imposeraient.
- Ils ne profiteront pas des bonnes opportunités qui pourraient se présenter à eux.
- Ils ne bénéficieront pas des aides des autres.
- Ils continueront à commettre les mêmes erreurs et ne jamais pouvoir en tirer des bonnes leçons pour le futur.
- Ils n'apprendront pas de nouvelles connaissances et ils ne développeront pas de nouvelles compétences.
- Ils se laisseront piégés pour toujours dans leurs zones de sécurité.
- Ils ne progresseront pas dans leur vie.
- Ils n'atteindront jamais leur liberté financière et ils ne goûteront jamais à la vie qu'ils méritent.
- Ils vivront dans le manque, le désordre et de la médiocrité.

En conclusion, vous devez analyser sérieusement vos attitudes et comportements afin de voir si vous êtes de ces personnes qui souffrent de l'une ou plusieurs de ces trois fâcheuses dispositions.

Si c'est le cas, alors vous devrez prendre immédiatement toute votre responsabilité pour commencer à vous débarrasser de ces tendances le plus rapidement possible.

Autrement, la liberté financière resterait tout simplement

un souhait auquel vous ne saurez jamais gouter.

OBSTACLE N°7 : QUEL EST LE DEGRÉ DE VOTRE CONFIANCE EN SOI ?

« *La confiance en soi est le premier secret du succès* »
-Ralph Waldo Emerson

- Agissez-vous très souvent à partir de ce que les autres disent et pensent de vous ?

- Croyez-vous que vous êtes « un bon à rien » ?

- Vivez-vous en conformité avec vos valeurs et vos croyances ?

- Vous vous sentez mal à l'aise quand vous parlez de vous-même à d'autres personnes ?

- Vous hésitez tout le temps même quand il s'agit de projet banal ?

- Dans une discussion avec autrui, vous ne trouvez pas

le courage pour exprimer clairement votre désaccord. Alors que quand vous vous trouvez tout seul, vous découvrez que vous avez beaucoup à dire.

- D'habitude vous avez le sentiment d'inconfort quand vous êtes avec des étrangers.
- Vous avez tendance à amplifier vos défauts et à dévaloriser vos compétences devant celles des autres.
- Vous manquez d'assurance. Vous vous sentez nul.
- Vous hésitez devant chaque décision à prendre.
- Vous cherchez sans cesse l'approbation des autres.
- Vous sentez être inférieur aux autres.
- Vous avez peur d'être critiqué.

Si vous vous trouvez souvent dans de semblables situations, alors soyez rassuré. Car, tout ceci peut être changé.

Mais à condition de prendre les choses au sérieux et d'être prêt à faire ce qu'il faut pour changer cela.

En fait, soyons franc et honnête !

Sans cette confiance en soi, vous ne pouvez pas obtenir la confiance des autres.

Et **vous ne ferez rien de grand et d'important si vous n'avez pas confiance en vous-même.**

Commençons alors par la bonne nouvelle :

C'est que la non-confiance en soi n'est pas innée. C'est quelque chose que nous avons construit le long de nos expériences dans la vie.

C'est l'opinion que nous avons développé sur ce que nous pouvons faire ou ne pas faire, sur nos relations avec les autres et sur nos aptitudes à affronter et à gérer une situation donnée.

Très souvent, nous avons développé cette non-confiance en réponse à certaines de nos expériences douloureuses ou en réaction à des événements particulièrement difficiles.

Mais, insistons sur une chose. Dans tous les cas, la non-confiance en soi n'est pas une fatalité.

Car, comme on vient de le voir, si la non-confiance est le résultat du cumul de ce que nous avons construit sur nous-même le long de nos expériences, alors nous avons le pouvoir de déconstruire cela, le modifier et le remplacer par quelque chose de plus positif, de plus utile et de plus constructif.

La confiance en soi est une condition indispensable à notre succès

En fait, la confiance en soi ne nous procure pas seulement cette aisance avec les autres et dans la vie en général. Mais, elle est aussi un élément fondamental et indispensable pour notre succès dans les différents projets que nous entreprenons.

En effet, si vous avez une confiance inébranlable en vous-même, vous réaliseriez de grands sauts dans tous les domaines de votre vie !

Plus votre monde interne est solide et cohérent, plus votre estime de soi est forte. Et plus vos comportements sont alignés sur votre monde interne plus votre confiance en soi est grande.

Le degré de l'estime de soi détermine vos attentes, vos objectifs, vos projets et le niveau de votre bonheur.

La confiance en soi est en particulier un élément incontournable pour l'atteinte de votre liberté financière.

Comment reconstruire votre confiance en soi

La confiance en soi se construit, s'entretient et se renforce au travers d'une multitude de techniques simples et pratiques.

Il existe de nombreuses bonnes formations qui sont assez fournies sur ce sujet. Ces formations s'étalent, en général, sur plusieurs jours.

Pour ma part, je me contente de vous livrer, dans les lignes suivantes, **quelques astuces simples et rapides**.

Astuce n°1 : Surveillez votre voix intérieure

- Soyez éveillé : essayez d'être tout le temps attentif et d'observer comment votre voix réagit aux circonstances extérieures et intérieures.

- Chaque fois que vous repérez une pensée susceptible de vous dévaloriser, n'essayez pas de lutter contre elle, mais dites simplement : ah voilà une pensée dévalorisante qui veut m'inspirer de la non-confiance ;

- Poursuivez votre observation éveillée et active : mais cette fois-ci procédez au remplacement de cette pensée dévalorisante par une pensée plus gratifiante et qui vous inspire de la confiance en vous.

- Vous pouvez par exemple amener votre voix intérieure à répéter consciemment et plusieurs fois l'opposé de cette pensée négative. Vous pouvez même répéter cette nouvelle pensée inspirante à haute voix si les circonstances le permettent. De cette manière, elle aura plus d'effet.

Si vous répétez cet exercice de façon assez constante, vous serez agréablement surpris, dans seulement quelques jours, que votre voix intérieure vous chochotte des idées plus valorisante et vous inspire de plus en plus de la confiance en vous.

Votre discours interne se transformera ainsi en allié redoutable dans l'accomplissement de vos projets ambitieux.

Astuce n°2 : Apprenez en permanence

Arthur Ashe a dit avec raison que : « *Une des clés de la confiance en soi est la préparation* ».

En effet, l'un des **clés fondamentales** pour développer **votre confiance en soi** est **d'apprendre en permanence**.

Car, l'apprentissage est la meilleure façon d'élargir vos connaissances et d'aiguiser vos compétences. Votre zone de confort sera élargie par voie de conséquence.

Et ceci vous donnera immédiatement sentiment de sérénité et de fierté qui accroitront davantage votre confiance en soi.

Et autant que vos expériences sont multiples et diversifiées autant votre confiance en vous-même sera grande.

Et n'oubliez pas que les gagnants apprennent tout le temps ce dont ils ont besoin pour grandir sur le plan humain et pour progresser dans leurs objectifs privés et professionnels.

Dans ce sens, **il est très instructif de lire les autobiographies des personnes à succès.**

On y apprend en particulier :

- Que toutes ces personnes sont des individus ordinaires et ont commencé de zéro.
- Que toutes ces personnes à succès ont rencontré toutes sortes de difficultés et d'obstacles.
- Elles ont collecté pas mal d'échecs provisoires avant de récolter la réussite définitive ;
- Elles montrent que toutes ces merveilleuses personnes avaient et continuent d'avoir peur quand il s'agit de nouveaux projets. Mais, qu'elles agissent malgré leurs peurs et leurs doutes.

Astuce n°3 : Jetez-vous à l'eau !

L'action dans le monde réel est une arme redoutable qui améliore votre confiance en soi. En fait, elle vous permet rapidement de faire face à vos illusions et à vos croyances erronées sur vos capacités et sur ce que vous pouvez effectivement accomplir.

D'autre part, chaque petit pas que vous réalisez et chaque résultat que vous obtenez vous donneront des preuves supplémentaires sur vos performances et sur vos potentiels non encore exploités. Et bien sûr tout cela ne peut que renforcer davantage votre confiance en soi.

J'aime souligner que ce n'est pas la grandeur des actions qui importe le plus. Mais, ce qui compte le plus, c'est surtout le fait d'être régulier, constant et persévérant même avec de tous petits pas et de tous petits progrès.

Voici, en complément, quelques éléments pour développer et améliorez votre confiance en soi :

1. Inspirez-vous des personnes à succès. Lisez leur autobiographie.

2. Identifiez vos croyances limitantes qui engendrent la non-confiance en vous.

3. Analysez l'origine de ces croyances défaitistes.

4. Transformez-les en d'autres croyances saines, utiles et constructives.

5. Pratiquez les différentes techniques de reprogrammation mentales (autohypnose, autosuggestion, visualisation créatrice...) pour renforcer et enraciner davantage la confiance en soi.

6. Faites de ces pratiques vos routines quotidiennes. Réservez-leur quelques dizaines de minutes chaque jour.

7. Diversifiez vos expériences dans la vie. Elargissez pro-

gressivement et en permanence votre zone de confort.

8. Chassez vos habitudes négatives et remplacez-les par de nouvelles habitudes utiles et constructives.

9. Faite de l'action votre véritable arme contre la peur. Tremblez mais oser !

10.   Vous devez renoncer à dire des choses dévalorisantes et paralysantes telle : je ne peux pas !

11.   Préparez-vous suffisamment, chaque fois que vous apprêter à entreprendre quelque chose d'important ou de difficile.

12.   Faites de la répétition votre arme d'apprentissage et d'amélioration.

« *Dès l'instant où vous aurez foi en vous-même, vous saurez comment vivre* ». - **Johann Wolfgang von Goethe**

OBSTACLE N°8 : AVEZ-VOUS L'ESPRIT D'ENTREPRENEUR À SUCCÈS ?

J'aime d'abord clarifier ce que j'entends par « entrepreneur à succès ».

En fait, « un entrepreneur à succès » est la personne qui réussit à créer son propre affaire qui génère des revenus passifs lui assurant d'atteindre sa liberté financière.

Autrement dit, pour moi, **la plus importante caractéristique de l'entrepreneur à succès, c'est l'atteinte de sa liberté financière.**

Après avoir clarifié ce point, permettez-moi de vous poser la question suivante :

- Pourquoi seulement une minorité de gens qui réussissent véritablement dans le monde libre de l'entrepreneuriat ?

- Alors que de nombreuses personnes rêvent de quitter leur emploi et de fonder leur propre entreprise.

Où est exactement le problème ?

La réponse : **c'est que les compétences requises pour être un entrepreneur à succès sont très différentes de celles que devrait posséder un bon salarié.**

Par conséquent, pour que vous puissiez réussir dans le monde libre de l'entrepreneuriat, vous avez besoin de deux choses primordiales.

Si vous manquez un de ces deux éléments, alors vous ne saurez jamais atteindre votre liberté financière.

Et ceci même si vous travaillez dur et même si vous essayez pendant de longues années.

Quel est alors le premier pilier indispensable pour votre liberté financière ?

Pour être un entrepreneur libre à succès, vous avez besoin d'apprendre et d'appliquer **des stratégies efficaces qui marchent le mieux aujourd'hui.**

Il faut noter que de nos jours, il existe une multitude de bonnes formations qui enseignent des stratégies et techniques appropriées aux différents domaines d'affaires.

Mais, ce qui est malheureusement constaté, c'est que la plupart de ces formations s'arrêtent à ce premier élément indispensable à la liberté financière.

Et en ne couvrant pas aussi le deuxième pilier incontournable de la liberté financière, ces formations ne font, en fait, les choses qu'à moitié !

Le deuxième pilier indispensable consiste à préparer les gens mentalement et émotionnellement pour aller jusqu'au bout de leur projet.

Et c'est la raison principale pourquoi les gens qui suivent ce type de formations n'arrivent pas à accomplir les changements nécessaires pour obtenir les résultats qu'ils désirent :

• En fait, la grande majorité de ces individus ne deviennent jamais entrepreneurs parce qu'ils ont peur de l'échec. Cette peur les pousse à trouver des excuses qui les empêchent de quitter leur emploi. Cette peur les empêche d'aller de l'avant afin d'appliquer les stratégies qu'ils ont appris dans ces formations.

• Pour ces gens, même s'ils ont appris de bonnes stratégies, mais le pouvoir de leurs excuses est plus fort que le pouvoir de leurs rêves.

• Par conséquent, bien peu de gens passent véritablement à l'action.

• Et beaucoup moins encore qui arrivent à persévérer jusqu'au bout ou assez longtemps pour finalement savourer le résultat de leurs efforts.

Et c'est, entre autres, pour vaincre cette peur et autres types d'auto-blocages, que vous avez également indispensablement besoin du deuxième pilier incontournable de la liberté financière.

Quel est le deuxième pilier indispensable pour votre liberté financière ?

C'est le développement de la Psychologie de la Richesse !

De prime abord, insistons sur le fait que l'entrepreneur se

différencie du salarié non seulement par les compétences, les stratégies et les techniques qu'il utilise.

Mais, **l'entrepreneur se distingue surtout et avant tout par une mentalité et un profil psychologique bien spécifiques**.

Aussi, force est de constater que **la majorité de gens sont des salariés** et très peu d'entre eux ont suivi des formations adéquates afin de pouvoir développer **l'esprit d'entrepreneur.**

D'autre part, le chèque de paie, aussi gros soit-il, n'est pas une voie vers la liberté financière.

Le système salarial est, en effet, la solution la moins probable pour atteindre la liberté financière.

Car, c'est un modèle très limité qui repose sur l'échange de votre temps contre de l'argent.

En fait, dans ce système salarial, l'employé cherche la « **sécurité** » alors que l'entrepreneur cherche la « **liberté** ».

Dans ce système salarial, l'employé apprend simplement à « **gagner de l'argent** » tout en devenant l'esclave de son travail.

Alors que l'entrepreneur apprend à maitriser la « **création de la richesse** » afin de devenir totalement libre.

Autrement dit, **le manque de l'esprit d'entrepreneur** est très souvent une conséquence **au non développement de la psychologie de la richesse.**

Car, c'est **cette psychologie de la richesse** qui permet aux gens de développer des croyances, des attitudes, des habitudes et des comportements appropriés pour faire face aux difficultés spécifiques au domaine de l'entrepreneuriat.

La transition de statut « Salarié » à celui d'«

Entrepreneur » est une affaire de change-ment de psychologie

En effet, le monde de l'entrepreneuriat, à l'inverse du système salarial, est plein de surprises, d'incertitudes, d'imprévus, de risques, de sacrifices....

De surcroit, **l'entrepreneur est le seul responsable à 100% de la réussite de son affaire**.

Parce qu'il est au même temps l'employé et le PDG de son entreprise surtout dans les débuts de son projet.

Dans ce sens, c'est à l'entrepreneur et à lui seul que revient :

- La fixation des objectifs de son business ;
- La détermination des stratégies et techniques à utiliser ;
- Le suivi et l'évaluation de tous les travaux de réalisation (prospection, marketing, communication ; vente, finances ...) ;
- L'amélioration continue de ses différents systèmes opérationnels ;
- La rentabilité de ses investissements ;
- La fidélisation de ses clients ;
- La progression continue de son business ;
- Etc.

Pour que l'entrepreneur puisse assurer toutes ces activités. Et aussi pour qu'il puisse garder toujours le cap sur ces objectifs malgré les défis, les problèmes et les obstacles qu'il rencontre sur son chemin.

Pour tout cela, l'entrepreneur a besoin d'une autre chose en plus des stratégies, des techniques et des outils.

Il a aussi besoin de développer un autre aspect crucial pour son succès.

Il s'agit de développer une psychologie bien spécifique. **La**

psychologie de la richesse.

Le développement de la psychologie de la richesse est un travail qui se fait essentiellement sur votre monde interne.

Autrement dit, pour devenir entrepreneur, vous devez d'abord être libre dans :

· votre tête,

· votre mentalité,

· vos croyances,

· vos pensées,

· vos valeurs,

· vos habitudes,

· et vos comportements.

Et ce n'est qu'à la suite de tous ceci que vous pourriez devenir entrepreneur aussi dans vos résultats.

En effet, la transition du salarié vers l'entrepreneur représente bien plus qu'un simple changement d'emploi.

Il s'agit, en fait, d'une véritable métamorphose.

Par conséquent, la personne qui désire se lancer dans le monde libre de l'entrepreneuriat n'a pas seulement besoin d'apprendre et d'appliquer des stratégies appropriées.

Elle a en premier lieu besoin d'un processus et d'un accompagnement efficaces qui lui permettraient de développer sa psychologie de la richesse.

C'est cette dernière qui vous permettrait de transiter avec succès de la mentalité du salarié à celle d'entrepreneur à succès !

Essayez alors de répondre à cette question :

Qu'est-ce que vous préférez :

« échanger votre temps contre de l'argent »

Ou

« Créer de la richesse et de la liberté » ?

OBSTACLE N°9 : AVEZ-VOUS UNE ÉDUCATION APPROPRIÉE EN INTELLIGENCE FINANCIÈRE ?

« Un Dollar investi dans son éducation est celui qui possède le meilleur retour sur investissement »
- Benjamin Franklin

La Première Grande Force :
Le Manque de l'éducation appropriée

VERSLIBERTÉGLOBALE.COM

La plupart de gens manquent de visibilité quand il s'agit du domaine de l'entrepreneuriat dans lequel ils peuvent évoluer.

Ils se trouvent dans le floue et se sentent totalement déboussolés et perdus quand on leur demande quel véhicule choisir pour aller vers leur liberté financière.

Et peut-être vous faites, vous aussi, partie de cette catégorie de gens.

Vous êtes alors très probablement dans l'une des deux situations suivantes :

1. Vous ne connaissez pas quel chemin prendre et par où commencer pour bâtir votre propre liberté financière.

2. Vous ne trouvez pas facilement des formations simples, efficaces et à des prix qui vous conviennent.

On peut ramener ces deux points à un seul élément important qui est :

Vous avez besoin d'une éducation financière appropriée et efficace.

En fait, **l'intelligence financière** est l'élément crucial pour atteindre votre liberté financière.

Et heureusement l'intelligence financière est une habilité, comme toutes les autres, qui peut s'apprendre et se développer.

L'intelligence financière est la clé fondamentale de votre liberté financière

L'intelligence financière couvre un ensemble cohérent d'éléments qui contribuent en synergie pour parvenir à une vie équilibrée, libre, prospère et joyeuse.

Elle englobe entre autres les composants suivants :

- Vos aptitudes,
- Vos orientations,
- Vos convictions,
- Vos connaissances,
- Vos attitudes,
- Vos compétences,
- Vos stratégies,

- Vos techniques.

L'intelligence financière, à travers toutes ces composantes, nous permet non seulement de gagner de l'argent, mais surtout de « **créer de la richesse durable** ».

Dans ce sens, il faut également préciser que l'intelligence financière n'est pas un événement isolé.

Mais, c'est **un système ou un processus continu dans la durée**.

C'est une succession cohérente et interactive de plusieurs étapes et de plusieurs actions qu'on entreprend dans le temps.

Faites-vous cette erreur ?

La grande erreur commise par la plupart de gens, c'est de réduire l'intelligence financière à son élément le plus apparent et le plus tangible, c'est-à-dire, « **Savoir gagner de l'argent** ».

Alors que ce dernier n'en est, en fait, qu'un seul maillon parmi d'autres.

Les principaux maillons de ce système sont :

➢ **Savoir gagner de l'argent ;**
➢ **Le bien protéger ;**
➢ **Le bien gérer** (épargner, économiser) **;**
➢ **Le bien faire fructifier** (investir intelligemment) **;**

En termes de disciplines, il s'agit surtout de connaitre les bases des spécialités professionnelles suivantes :

➢ La comptabilité,
➢ Les finances,
➢ Le marketing,

> La vente,
> La communication,
> L'organisation,
> Le droit des affaires...

L'intelligence financière n'est pas enseignée dans nos écoles !

En effet, le manque de l'éducation appropriée est dû essentiellement au fait que **l'intelligence financière n'est tout simplement pas enseignée dans nos écoles.**

En effet, nos écoles forment nos enfants pour devenir de bons employés et très rarement pour devenir des entrepreneurs libres à succès.

Et ce genre de formations a conditionné plusieurs générations successives à privilégier **« la sécurité financière »** sur **«la liberté financière ».**

La sécurité financière consiste principalement à la recherche d'un emploi « stable » et de ne pas prendre de « risques » dans la vie.

D'autre part, en dehors de l'école classique, les gens :

- Soit, ils n'ont suivi aucune autre formation alternative pour combler cette lacune.

- Soit, ils ont suivi **des formations incomplètes qui portent uniquement sur l'un ou l'autre des deux piliers indispensables de la liberté financière.**

Bien choisir votre éducation financière !

Prendre conscience de votre besoin à l'éducation financière n'est qu'un pas sur le chemin de votre liberté financière.

Le deuxième pas crucial, c'est de bien choisir une formation efficace qui donne des résultats concrets et mesurables.

En fait, il n'est pas difficile de constater que la plupart des formations disponibles sur le marché sont soit :

- Très couteuses ;
- Incomplètes et défaillantes ;
- Dépassées et obsolètes ;
- Proposent des stratégies trop complexes à mettre en œuvre ;
- Proposent des techniques qui nécessitent de gros investissements de départ ;
- Le temps du retour sur investissement est trop long ;
- De nombreuses autres contraintes …

En plus des points faibles cités ci-dessus, il faut également reconnaitre que la quasi-majorité des formations disponibles sont inefficaces pour une raison principale.

C'est qu'elles passent directement aux stratégies, aux techniques et aux outils.

Elles court-circuitent **l'étape la plus primordiale**. Il s'agit de l'étape de semence des graines intérieures du succès.

C'est-à-dire, la préparation mentale et émotionnelle des gens pour les aider à transiter de leur statut de salarié à celui d'entrepreneur libre.

Dans d'autres termes, il s'agit d'accompagner les gens dans le développement de ce que j'appelle **la psychologie de la richesse**.

Ainsi pour pouvoir réussir votre objectif de liberté financière, vous avez besoin d'une éducation assez complète et équilibrée.

Comment choisir une bonne formation sur la liberté financière ?

En voici quelques critères pour rechercher une formation efficace :

- Cette formation doit couvrir au moins les deux piliers indispensables de la liberté financière à savoir :
  - 1) Le développement de votre psychologie de la richesse ;
  - 2) L'apprentissage et l'application des meilleures stratégies de la richesse qui existent aujourd'hui.
- Cette formation doit aussi être :
  - Pratique ;
  - Simple ;
  - Qui vous accompagne pas à pas ;
  - Sur une durée convenable (quelques semaines) ;
  - Fournie par des personnes qui ont déjà atteint leur liberté financière ;
  - Et de préférence qui assure des mises à jour régulière…

Quel domaine d'affaire choisir ?

En principe, cette question sort du cadre de ce guide.

Toutefois, j'aimerai vous donner quelques indications rapides.

Tout d'abord, il faut souligner deux choses.

La première, c'est qu'il existe une multitude de domaines

pouvant vous emmener à votre liberté financière.

La deuxième, c'est que le choix de véhicule qui conduit à la liberté financière dépend de chacun.

En fait, les meilleurs critères pour choisir votre domaine d'affaire, c'est que ce dernier soit en accord avec le plus possible d'éléments suivants :

➢ Vos centres d'intérêt ;

➢ Vos préférences ;

➢ Vos points forts ;

➢ Vos connaissances ;

➢ Vos compétences ;

➢ Vos passions.

Voulez-vous quand-même une recommandation ?

Si vous n'avez pas encore identifié clairement un domaine d'affaire particulier. Ou, si vous vous sentez un peu déboussolé face aux nombreux choix qui se présentent à vous.

Alors, je peux me permettre de vous proposer un domaine d'affaire très spécifique.

C'est mon principal domaine d'affaire et le plus préféré. En fait, depuis mon lancement dans le monde libre de l'entrepreneuriat, j'ai expérimenté plusieurs domaines d'affaires différents.

Mais, quand j'ai découvert celui-ci, je l'ai immédiatement adoré. Et avec le temps et avec la pratique cet amour n'a pas cessé de grandir.

En effet, c'est le domaine d'affaire qui a non seulement amélioré significativement ma vie financière, mais qui a aussi transformé radicalement toutes les autres sphères de ma vie privée et professionnelle. Bien sûr pour le mieux !

Bref, je considère personnellement que c'est le meilleur domaine d'affaire existant aujourd'hui.

Mais, avant de vous le dévoiler, permettez-moi d'abord de vous inviter à prendre un petit instant pour répondre aux questions suivantes :

- Quel est, aujourd'hui, le domaine d'affaire qui génère les meilleurs revenus ?
- Et qui est le mieux en phase avec la nouvelle ère digitale qui se concrétise davantage jour après jour.
- Et qui est accessible presque à tout le monde ?
- Et dans lequel vous pouvez commencer immédiatement sans être obligé de quitter votre emploi actuel ?
- Et qui ne nécessite qu'un minimum d'investissement de départ ?
- Et qui ne nécessite ni locaux ni personnel ni stocks ?
- Et dans lequel vous pouvez commencer immédiatement à temps partiel ?
- Et dans lequel votre principale usine de production est votre propre cerveau et un PC ?
- Et qui a les meilleures perspectives devant lui en termes d'expansion, d'évolution et d'accroissement des marges bénéficiaires ?
- Et plus encore ?

Avez-vous deviné de quel domaine s'agit-il ?

Il est, en fait, claire qu'il s'agit des **affaires digitales = l'e-business.**

Si vous en avez le moindre doute, vous n'avez qu'à consulter les statistiques économiques largement disponibles sur internet.

Vous allez constater, par vous-même, que des chiffres tangibles et irréfutables confirment chaque jour tout cela.

Connaissez-vous alors un autre domaine d'affaire qui peut vous offrir de tels avantages réunis d'un seul coup ?

Personnellement, jusqu'à ce jour, je n'en connais pas !

Je vous parlerai rapidement des principaux avantages de ce domaine dans un chapitre plus loin dans ce guide.

PARTIE 2.2: LES 10 PLUS IMPORTANTS MYTHES QUI VOUS EMPÊCHENT D'ALLER VERS UNE VIE LIBRE ET PROSPERE

MYTHE N1: LE POINT CENTRAL DE LA LIBERTÉ FINANCIÈRE «TRAVAILLER DUR» POUR «GAGNER BEAUCOUP D'ARGENT»!

« L'argent est une forme de pouvoir.
Mais l'éducation financière est plus puissante encore.
L'argent va et vient, mais si on vous enseigne le fonctionnement de l'argent, vous acquérez du pouvoir face à l'argent et vous pouvez alors commencer à créer de la richesse. »
- Kiyosaki

La plus grande leçon que j'ai apprise dans mon parcours d'entrepreneur, c'est qu'on ne devienne pas riche parce que nous avons gagné de l'argent.

Mais, c'est plutôt l'inverse. C'est parce qu'on a tout d'abord développé l'esprit de riche, qu'on est arrivé à surmonter tous les obstacles et toutes les difficultés du chemin pour pouvoir finalement gagner la richesse.

Et pour développer l'esprit de riche, vous avez indispensablement besoin de « **L'intelligence financière** ».

Il faut également souligner que **l'intelligence émotionnelle** est une partie incontournable de **l'intelligence financière.**

Le sujet de l'intelligence émotionnelle est très important et mérite qu'on lui accorde suffisamment de temps et d'attention.

A présent, contentons-nous de dire que l'intelligence financière renvoie à un ensemble cohérent de connaissances et compétences qui nous permettent non seulement de gagner de l'argent, mais surtout de **« créer de la richesse durable »**.

Toutefois, clarifions une chose. Je ne dis pas que l'argent n'est pas important. Au contraire, il a une grande importance dans notre vie. Il n'y a aucun doute là-dessus.

Mais, l'argent n'est pas **le PLUS IMPORTANT** !

'' Beaucoup d'argent" est certainement « **UN PLUS** » dans la liberté financière. Mais, il n'est sûrement pas « **UN MUST** ».

Et il ne faut pas tomber dans le piège de considérer l'argent comme une fin en soi. On doit le remettre à sa juste place qui est un moyen au service de nos objectifs et de nos rêves.

Car, au final, ce n'est pas l'argent que nous cherchons.

Nous cherchons les sentiments, les émotions que nous croyons qu'il peut nous procurer notamment :

- Le sentiment de sécurité
- Le sentiment d'autonomie et de liberté ;
- Le sentiment d'avoir toujours de larges choix ;
- Le sentiment de pouvoir apporter de l'aide à nos proches et à tous ceux qu'on aime ;
- Le sentiment d'avoir un véritable contrôle sur notre vie ;
- Le sentiment de satisfaction de notre capacité de savourer pleinement notre vie.

L'intelligence financière est la meilleure

arme pour faire face aux changements accélérés dans le monde des affaires

D'autre part, nous vivons dans une époque qui connait continuellement **des changements impressionnants** presque dans tous les domaines de la vie et **notamment dans le domaine des affaires**.

Et personne n'est capable de prédire l'avenir.

D'où l'importance capitale d'investir sérieusement dans votre **éducation financière** afin de développer votre **intelligence financière**.

Car, uniquement de cette manière, lorsque les changements surviendront, vous serez mieux préparés que la grande majorité de gens.

Et vous aurez ainsi toujours une longueur d'avance sur les autres vous permettant de profiter au mieux de ces changements.

Et il faut préciser que **l'intelligence financière** est **un processus** composé de plusieurs éléments dont **le gain de l'argent** n'en est qu'un seul maillon parmi d'autres.

Ce système d'intelligence financière est, en fait, un ensemble harmonique de connaissances, de compétences et d'actions qui travaillent en synergie.

Les éléments principaux de ce système sont :

➤ **Savoir gagner de l'argent** ;

➤ **Le bien protéger** ;

➤ **Le bien gérer** (épargner, économiser) ;

➤ **Le bien faire fructifier** (investir intelligemment) ;

Que choisirez-vous, travailler dur

ou travailler intelligemment ?

Si vous pensez qu'il faut travailler dur pour atteindre votre liberté financière, alors vous ne vivez pas encore "professionnellement" dans l'ère de l'information.

En effet, « travailler dur » appartient aux époques précédentes notamment à l'ère industrielle. Et les gens qui continuent à travailler physiquement et dur n'ont tout simplement pas encore bénéficié des grands avantages de l'ère digitale dans laquelle nous vivons actuellement.

Dans d'autres termes, **la liberté financière n'est pas une question de travailler dur pour accumuler de l'argent**. Mais, c'est plutôt une façon de **faire travailler intelligemment l'argent pour vous**. Et ceci se fait principalement en créant des **systèmes qui tournent en pilotage automatique**.

Prenons pour cela l'exemple des salariés. La plupart du temps, le travail de cette catégorie professionnelle est pénible, ennuyeux, soumis à une multitude de types de contrôle, de contraintes et de limitations.

Et pourtant, rares sont les salariés qui atteignent la liberté financière. Car, leur revenu, est directement connecté au temps de leur travail. Autrement dit, s'ils arrêtent de travailler, leur revenu s'estompe aussi systématiquement.

Et s'ils travaillent encore plus dur en faisant des heures supplémentaires, c'est alors souvent aux dépens de leur santé et de leur temps libre.

Par conséquent, au lieu de devenir financièrement libre, ces malheureux travailleurs deviennent, au contraire, des esclaves à leur boulot.

Ce n'est pas non plus la somme d'argent que vous pourrez

gagner qui importe le plus

Mais le plus important, c'est votre capacité à protéger l'argent que vous parvenez à gagner. C'est également votre capacité à le bien gérer.

Et c'est surtout à la façon avec laquelle vous le faites travailler pour. C'est-à-dire à la façon de le faire fructifier encore et encore...

Prenons cette fois-ci l'exemple des gens qui gagnent à la loterie. Nous connaissons tous les histoires de **ces gagnants au loto** qui deviennent subitement riches, mais qui redeviennent aussi rapidement à leur pauvreté.

Ces gens, même s'ils arrivent à gagner beaucoup d'argent, ils ne deviennent jamais financièrement libres.

Et ceci pour la simple raison qu'ils ne maitrisent pas les autres éléments **du processus de l'intelligence financière.**

Ils ne savent pas en particulier comment protéger leur argent et le faire croître au lieu de le dépenser entièrement.

Donc, sans l'intelligence financière, l'argent que vous arrivez à gagner échappe, en général, facilement et rapidement de vos mains...

En résumé :

Pour atteindre votre liberté financière, il ne s'agit pas de travailler dur, mais de travailler plus intelligemment.

Et pour savoir travailler intelligemment **vous avez besoin de vous former en intelligence financière.**

Aussi, pour atteindre la liberté financière, il n'est pas obligatoire d'avoir déjà beaucoup d'argent.

La preuve est ces célèbres nombreux self-made multimillionnaires qui ont parti de zéro.

Par contre ce dont vous aurez indispensablement besoin,

c'est votre **mentalité d'entrepreneur** et de l'intelligence financière.

Aussi, la liberté financière ne signifie pas obligatoirement avoir beaucoup d'argent.

Car, ce que nous cherchons en priorité dans la liberté financière, ce sont des sentiments qu'elle peut nous assurer notamment les sentiments de :

- Sécurité ;
- Autonomie et de liberté ;
- Avoir toujours de larges choix ;
- Pouvoir apporter de l'aide à nos proches et à tous ceux qu'on aime ;
- Avoir un véritable contrôle sur notre vie ;
- Satisfaction de notre capacité de savourer pleinement notre vie.

En fait, la liberté financière porte également sur tout un ensemble d'éléments dont les suivants :

➤ **La liberté relative au temps** : c'est d'avoir assez de temps libre et une grande flexibilité dans les horaires du travail. C'est d'être libre de prendre des vacances à n'importe quel moment de l'année.

➤ **La liberté relative au lieu** du travail : c'est la possibilité de travailler à partir du chez-soi ou de n'importe quel autre endroit.

C'est aussi la capacité de continuer à travailler tout en voyageant et en se déplaçant librement là où l'on veut.

Pour ceci, il faut faire des choix judicieux de nos activités professionnelles. Par exemple, privilégier les activités que vous pourrez accomplir **essentiellement « online »**. C'est-à-dire celles qui sont « **mobiles** » et « **portables** » !

➤ **La liberté de l'initiative et de l'autonomie** : c'est de chercher des activités vous permettant de devenir votre propre PDG. Des activités qui vous assureront la liberté totale d'initiatives, de l'esprit d'autonomie, d'entrepreneuriat et du leadership.

➤ En termes plus concrets, **la liberté financière** nécessite le développement des business et des sources de revenus passifs. Ce sont des business qui peuvent tourner en **systèmes de pilotages automatiques.**

C'est-à-dire des business qui vont travailler pour vous et non pas en devenir des esclaves.

➤ Bref, la liberté financière est un état d'esprit, un mode de vie et une philosophie de l'existence.

Question :

Quel est pour vous l'élément qui vous attire le plus dans la liberté financière ?

- Avoir beaucoup d'argent
- Avoir le pouvoir de choisir
- Avoir plus de temps libre
- Avoir plus de sécurité pour votre avenir et celui de vos proches
- Avoir plus de confort dans la vie
- Avoir plus de liberté dans votre vie
- De ne plus travailler
- D'être autonome dans votre vie professionnelle
- De commander et contrôler les autres
- De travailler sur vos propres objectifs

- De vous consacrer à vos passions
- D'aider les autres avec votre expertise et vos solutions
- Autres : précisez...

MYTHE N°2 : LA LIBERTÉ FINANCIÈRE EST UN PROJET D'AMATEURS !

« Les gens qui prennent des risques changent le monde. Peu de gens deviennent riches sans prendre de risques. » **R.Kiyosaki**

La liberté financière est-elle un projet d'amateurs ?

Pas du tout !

C'est plutôt un projet de professionnels et de leaders.

Car, c'est **un objectif sérieux pour les gens sérieux.**

Soyons alors honnête et franc : la liberté financière n'est pas pour vous si vous êtes encore **un amateur.**

Elle n'est pas également pour vous si vous êtes dans certains des cas suivants :

- Si vous êtes un salarié et vous n'avez pas l'ambition de devenir un entrepreneur libre à succès.

- Si vous abandonnez au premier obstacle ou au premier essai infructueux.

- Si vous n'êtes pas prêt à sortir de vos zones de sécurité.

- Si vous n'êtes pas prêt à prendre un nouveau bon départ dans votre vie.

- Si vous n'êtes pas assez ambitieux et vous n'avez pas de grands objectifs.

- Si vous n'êtes pas prêt à apprendre de nouvelles compétences et de nouvelles stratégies qui vont vous permettre d'assurer le succès.

- Si vous voulez devenir financièrement libre en une journée et sans efforts…

- Si vous ne cherchez pas les opportunités d'affaires, et vous vous contentez seulement de résoudre vos problèmes à court terme.

D'autre part, nous savons tous que pour construire un immeuble, on doit toujours commencer par les fondations.

Et plus l'immeuble sera élevé, plus les fondations devront être profondes. N'est-ce pas ?

Alors, c'est pareil pour la construction de la liberté financière.

Et les fondations de la liberté financière sont aussi des Principes Universaux du Succès.

Développez votre professionnalisme et votre leadership !

Et l'un des principes primordiaux de succès, c'est **d'avoir la mentalité et l'état d'esprit d'un professionnel et d'un**

leader qui :

- N'attendent pas passivement que la richesse leur tombe par chance entre les mains !

- N'attendent pas qu'un miracle se produit par un simple hasard dans leur vie !

Au lieu de cela, les professionnels et leaders sont ces formidables individus qui prennent fermement et activement leur vie en main !

Ils sont déterminés à faire tout ce qui est nécessaire pour atteindre leur objectif. Même si cela n'est pas toujours facile ni agréable.

Et ils sont prêts à entreprendre tous les changements indispensables afin de réussir leur projet, notamment les suivants :

➤ Ils prennent l'objectif de la liberté financière au sérieux.

➤ Ils savent qu'ils doivent arrêter de faire les mêmes choses s'ils désirent ne pas avoir toujours les mêmes résultats.

➤ Ils sont conscients que pour atteindre leur rêve, ils doivent faire certains sacrifices et sortir du lot et d'arrêter de suivre le troupeau.

➤ Ils sont aussi conscients qu'ils doivent entreprendre des changements profonds dans leur mode de penser et d'agir.

➤ Ils accordent à leurs rêves une position prioritaire dans leurs efforts et actions de tous les jours.

➤ Ils vont même jusqu'à adapter toute leur vie à leurs rêves et à leurs projets prioritaires.

➤ Ils traduisent leurs rêves en objectifs clairs. Et les déclinent planifient dans le temps. Et ils font chaque jour des actions intelligentes et concrètes pour les atteindre.

➤ Ils savent qu'en cours de route, ils vont rencontrer pas

mal d'obstacles et d'échecs provisoires et ils sont bien préparés et déterminés à y faire face.

➤ Ils sont conscients qu'ils seront amenés à prendre constamment des risques et à s'aventurer dans la découverte de nouveaux terrains.

➤ Ils sont constamment en quête des opportunités pour y investir et apporter des solutions de qualité aux autres.

➤ Ils sont à la fois de bons enseignants et de bons étudiants. Ils sont d'une extraordinaire humilité et n'arrêtent jamais d'apprendre et de s'améliorer.

➤ Ils essayent constamment de surmonter leurs peurs, leurs doutes et leurs déceptions afin de continuer leur chemin vers l'accomplissement de leur rêve.

➤ Ils savent qu'il est incontournable de passer par un processus continu d'apprentissages et de formations.

➤ Ils comprennent que travailler seul, ne leur permet pas d'arriver rapidement à leur objectif. Donc, ils cherchent à s'associer intelligemment aux autres personnes qui peuvent les aider dans la réalisation de leurs objectifs.

➤ Ils apprennent de leurs erreurs et échecs et font en sorte de les transformer en tremplins vers plus de progrès.

➤ Ils savent également que « **pas d'investissement** » signifie tout simplement « **pas de liberté financière**. »

Les trois principaux axes d'investissement dans votre projet de la liberté financière

"Si l'on n'investit pas sur le long terme,

il n'y a pas de court terme."
- De Georges David

Si un homme vide sa bourse dans sa tête,

personne ne peut la lui prendre.

Un investissement dans le savoir paie

toujours les meilleurs intérêts.
- Benjamin Franklin

Les professionnels et les leaders investissent constamment dans au moins **les trois axes** suivants :

1. Investissement en Efforts.

Il y a principalement deux catégories d'efforts :

§ **Effort sur eux-mêmes :** pour amorcer des changements dans leur monde interne. Pour cela, ils travaillent sur deux fronts :

Le premier front : pour désapprendre tout ce qui peut les empêcher ou freiner dans la réalisation de leurs objectifs.

Et notamment : les visions pessimistes, les mentalités qui les poussent vers l'échec ; les croyances limitantes, les habitudes défaitistes, les attitudes bloquantes...

Le deuxième front : pour apprendre à bâtir tout ce qui peut les aider à aller plus rapidement et sûrement vers leur objectif.

Dans ce sens, ils vont améliorer leur relation à l'argent et à la richesse.

Ils vont développer une vision optimiste, des croyances positives, des attitudes libératrices, des habitudes constructives et motivantes, de la confiance en soi...

§ **Efforts dans le monde réel :** pour apprendre et appliquer les différentes stratégies, techniques et ressources nécessaires au domaine d'affaire choisi...

2. Investissement en Temps :

Il s'agit de prendre en compte que le succès ne vient pas

d'un seul coup. Mais, il s'inscrit toujours dans la durée.

Autrement dit, il ne faut pas essayer de bruler les étapes, de précipiter les résultats ou de forcer les processus.

Le plus important processus pour devenir un leader et un professionnel, **c'est le processus d'apprentissage.**

C'est en fait au travers de plusieurs cycles d'apprentissage qu'un individu peut passer de la situation d'amateur à celle d'expert et de leader.

Et en général, on peut décrire un **cycle d'apprentissage** comme suit : formations >> pratiques >> tests >> échecs >> corrections >> réussites >> améliorations >> formations >> pratiques >> test >> etc…

Il faut ainsi être patient et persévérant.

Il faut faire chaque chose en son temps et laisser le temps au temps afin d'accomplir son œuvre.

Et il faut garder surtout à l'esprit qu'il y a toujours un décalage entre le temps de semence et celui de collecte…

Bref, il faut respecter et suivre les lois et les principes du succès.

3. Investissement en Argent.

L'investissement en argent sert essentiellement pour acquérir de bonnes formations, de bonnes stratégies, de bonnes techniques, de bons outils afin de progresser rapidement dans leur business.

Alors qu'en est-il pour vous :

Êtes-vous « UN AMATEUR » ?

Ou « UN PROFESSIONNELE ET UN LEADER » ?

Question :

Dites-moi, qu'est-ce qui vous bloque le plus pour prendre au sérieux votre projet de liberté financière et pour commencer à faire des actions concrètes dans sa direction ?

Et si vous voulez que nous en discutons, contactez-moi sur :

- liberteglobale@gmail.com

- jamil@academie-ebusinesspro.com

MYTHE N°3 : LA LIBERTÉ FINANCIÈRE EST UNE AFFAIRE DE RÉUSSITE EXTERNE !

« Tout le monde croit que le fruit est l'essentiel de l'arbre quand, en réalité, c'est la graine. »
- Nietzsche

Ce que ce mythe veut dire, c'est que l'atteinte de la liberté financière dépend essentiellement ou même exclusivement des :

- Stratégies qu'on utilise effectivement dans nos activités,
- Actions qu'on réalise concrètement dans le monde externe.

Alors, ce n'est qu'en partie vrai !

Car, **la liberté financière est essentiellement une affaire de mentalité et d'état d'esprit**.

En fait, l'atteinte de la liberté financière dépend de deux éléments primordiaux :

- Une partie visible et externe à nous.
- Une partie invisible et interne à nous.

La partie externe comprend principalement :

- Les stratégies, les techniques et les différents moyens qu'on peut utiliser pour atteindre la liberté financière ;
- Nos efforts concrets, nos différentes réalisations et tous les résultats concrets qu'on parvient à accomplir concrètement dans le monde réel.

Quant à la partie interne et invisible, elle comprend essentiellement :

- Notre mentalité, notre psychologie et notre état d'esprit ;
- Notre vision du monde et de nous-même ;
- Notre pourquoi dans la vie ;
- Notre mode de pensée ;
- Notre philosophie et le sens qu'on donne à notre existence ;
- Nos croyances ;
- Nos émotions ;
- Nos peurs et nos doutes ;
- Nos habitudes et attitudes ;

Quelle est la partie la plus décisive dans notre succès ?

J'aime répondre directement à cette question en disant que **la liberté financière est à la fois une affaire de :**

1. L'intelligence du cœur ;

2. Et de l'intelligence de l'esprit.

Et il faut noter que la partie externe à nous n'est que le point apparent de l'iceberg de notre réussite.

Alors que la partie interne, c'est-à-dire, la partie immergée et invisible, elle représente la partie la plus importante de notre réussite.

Ce sont les aspects invisibles de la liberté financière qui sont les plus importants !

"Nous sommes liés de plus près à l'invisible qu'au visible."- **De Novalis**

En terme de chiffres, disons que :

- **La partie interne représente 80% de réussite** dans votre projet de liberté financière.

- **La partie externe ne représente que 20%** seulement de votre réussite.

Autrement dit, la liberté financière dépend principalement de **notre monde interne**, de **notre psychologie** et de **notre mentalité.**

C'est d'ailleurs pour cette raison que c'est essentiellement cette partie interne qui nous empêche d'aller de l'avant ou au contraire qui nous motive de progresser et de faire tout ce qu'il faut pour réaliser nos rêves.

Et ceci n'est pas surprenant puisque c'est cette partie interne de la liberté financière qui nous dicte nos croyances dominantes et la façon avec laquelle nous gérons nos émotions, nos attitudes et nos actions.

On peut résumer l'importance de la partie interne dans notre succès en disant que :

Notre monde interne = le monde des causes

Et le monde externe = le monde des conséquences.

D'autre part, sous l'angle de leur psychologie, **le pauvre et le riche vivent dans deux univers totalement différents :**

- Des états d'esprit différent,
- Des visions du monde et d'eux-mêmes différentes...

- Des façons de penser et de raisonner différentes,
- Des croyances différentes,
- Des attitudes et habitudes différentes,
- Des façons de gérer leurs émotions différentes,
- Des relations à l'argent et aux opportunités différentes,

Par conséquent, transiter de la situation de pauvreté à une situation d'abondance est beaucoup plus qu'une question de changement d'emploi, de stratégies ou de techniques (éléments externes).

Cette transition, est en fait, une sorte de **réinvention** de votre vie privée et professionnelle.

Prenons l'exemple de la peur

Si vous n'êtes pas encore totalement convaincu de la prédominance de la partie interne sur la partie externe, alors prenons l'exemple de «**la peur** » qui n'est qu'un élément parmi d'autres de notre monde interne.

Et voyons comment il peut impacter nos choix, nos décisions, nos actions et nos résultats :

➤ Si, par exemple, votre peur de perdre est plus forte que votre enthousiasme de gagner, alors certainement vous n'oserez jamais faire le premier pas vers vos objectifs. Et par conséquent, vous ne parviendrez jamais à atteindre vos rêves. Et ce malgré si vous avez d'excellentes connaissances, compétences, expertises et malgré si vous avez appris de meilleures stratégies.

➤ C'est également cette peur qui :

   ◦ Vous empêche de vous lancer dans le monde libre de l'entrepreneuriat,

   ◦ Vous pousse à stagner dans votre emploi même si vous savez que ce dernier est une sorte d'esclavage moderne,

- ◦ Vous ne permettra jamais d'accomplir vos rêves les plus chers.

Je pense que vous êtes maintenant suffisamment persuadé qu'au final :

➤ La liberté financière est tout d'abord une question de vos capacités à contrôler et à maîtriser vos émotions en général et en rapport à l'argent tout particulièrement. Et n'oubliez pas que l'argent touche directement nos émotions que l'on veuille ou non.

➤ La liberté financière est surtout cette mentalité qui vous permet d'identifier les opportunités que la plupart des autres gens n'arrivent pas à voir. En fait, la majorité de gens ne travaillent pas sur l'amélioration de leur état d'esprit, et ne se rendent ainsi jamais compte de l'existence de ces opportunités. D'autre part, ces gens ne recherchent, au final, que l'argent et la sécurité du fait qu'ils restent piégés dans un mode de pensée très limité.

La liberté financière, c'est un projet pour réinventer votre vie sur des bonnes bases

En possédant la mentalité et les habilités des riches, vous serez non seulement en mesure de reconnaitre les opportunités lorsqu'elles se présentent mais, vous serez aussi prêt à faire tout ce qu'il faut faire afin d'en profiter au maximum.

Par conséquent, dans le projet de la liberté financière, il n'est alors plus question de ce que vous devez « **faire** », mais avant tout de ce que vous devez « **devenir** » en tant que personne.

Le changement est en fait, un principe fondamental du

voyage vers la liberté financière. Faites alors du changement votre allié et non votre ennemi.

En d'autres termes, cela signifie que vous devez d'abord « **être** » afin de « **faire** » ce qui doit être fait pour « **avoir** » ce que vous désirez.

Le processus clé pour atteindre votre liberté financière et que vous devrez garder à l'esprit peut être schématisé comme suit : ÊTRE >>> FAIRE >>> AVOIR

La bonne nouvelle, c'est que changer votre « **mentalité** », votre « **psychologie** », votre « **mode de penser** », est à votre porté et ne coûte pratiquement rien.

Toutefois, il n'est pas toujours facile de changer ses croyances lorsqu'elles sont profondément enracinées et continuellement renforcées par la société, la famille, l'école, les amis...

Mais, dans tous les cas, ce n'est jamais impossible !

Désirez-vous alors devenir, vous aussi, financièrement libre ?

Alors au travail !

Car, vous pouvez dès maintenant commencer à acquérir la psychologie des riches.

Il vous suffit d'avoir une forte volonté et d'être prêt à apprendre et à changer votre mentalité pour le meilleur.

Autrement dit, vous pouvez atteindre la liberté financière si vous êtes prêt à réinventer votre vie sur la base de nouveaux principes et de nouvelles stratégies.

Et gardez à l'esprit que pour réussir votre liberté financière, il faut être ouvert, non conformiste et prêt à vous engager dans des sentiers non ou rarement empruntés.

Agissez dès aujourd'hui !

Voici quelques actions pour commencer, dès aujourd'hui, à bâtir les bases internes de votre objectif de la liberté financière.

Prenez quelques minutes pour répondre sincèrement aux questions suivantes :

❖ Quelles sont mes croyances actuelles au sujet de l'argent ?

❖ Quel type de rapport ai-je avec l'argent ?

  ◦ Est-ce une relation basée sur des croyances de manque : par exemple, il y a peu de places pour devenir riches...

  ◦ Ou une vision d'abondance : par exemple, tout le monde peut construire sa place dans le monde de la richesse...

❖ Est-ce que ma situation actuelle me permet-elle de faire ce que j'ai vraiment envie de faire ?

❖ Est-ce que ce que je fais actuellement me rend-t-il heureux ?

❖ Est-ce que je suis là où j'aime vraiment être ? »

❖ Pourquoi la liberté financière est si importante pour moi ?

❖ Pourquoi est-ce que j'ai besoin de la liberté financière ?

❖ Est-ce que je suis prêt pour entreprendre tous les changements nécessaires pour atteindre ma liberté financière ?

Une fois vous aurez répondu clairement à ces questions, passez immédiatement à l'action afin d'améliorer votre relation à la richesse.

Voici quelques importants chantiers sur lesquels vous devrez commencer à travailler sérieusement :

❖ Commencez à identifier et à modifier vos mauvaises pensées, croyances et relations à l'argent ;

❖ Chassez immédiatement l'idée selon laquelle la liberté financière vous est inaccessible ou qu'elle est réservée uniquement à une catégorie spécifique de personnes ;

❖ Commencez à vous débarrasser de vos croyances les plus limitantes à l'égard de la richesse ;

❖ Cherchez à comprendre les caractéristiques de la mentalité des riches et commencez à développer une pareille mentalité.

❖ Commencez à vous entrainer à sortir de vos différentes zones de sécurité.

Le processus de progrès continu : « Faire pour Être » et « Faire pour Avoir »

Souvent, on oublie que pour réaliser de grands projets ou pour avoir de belles choses, **nous devons d'abord grandir sur le plan humain**. Grandir en tant que personne. C'est une règle dont vous devez toujours vous souvenir et mettre en application.

On peut résumer cette règle comme suit : D'abord, Faites pour Être. Puis, Agissez pour Avoir. Vous Obtiendrez ensuite tout résultat désiré.

Vous devez ainsi commencer par investir dans vous-même ; Investir dans votre formation et dans votre croissance en tant que personne. Autant vous grandissez sur le plan humain autant vous réaliserez efficacement vos objectifs et atteindrez vos rêves.

Votre croissance personnelle n'a pas de limite et vous ne devrez jamais arrêter à chercher à davantage grandir. C'est la clé de tous les autres types de progrès que vous connaitrez dans votre existence. Mesurez alors votre progrès afin d'aller constamment de l'avant.

Investissez en premier dans vous-même !

Le meilleur moyen pour grandir, c'est d'apprendre de la vie, tout court. Apprendre de la vie signifie être constamment ouvert d'esprit, à l'écoute et réceptif.

Ce qui implique d'apprendre de nos propres expériences mais aussi des expériences des autres. Apprendre surtout des personnes à succès. L'étude de leur biographie est très inspirante. Elle nous permet de faire des raccourcis et des sauts dans notre progrès personnel.

Nous devons également réserver régulièrement des créneaux de temps à nous-mêmes. Faire un certain recul par rapport aux bruits de la vie de tous les jours.

Et aussi pour calmer les bruits de notre propre mental. Pour ceci, nous pouvons choisir les moyens qui nous conviennent le mieux. Nous pouvons faire des prières, des méditations, des exercices de contemplations et de concentration.

Aussi les lectures des textes et des livres de spiritualité et de la sagesse sont de grand apport en ce domaine.

La croissance personnelle est le socle principal de votre réussite. Une attention particulière devrait être réservée pour l'amélioration de la confiance en soi et le développement des croyances, habitudes et attitudes positives.

Travailler sur votre progrès personnel est un projet à vie. Tant que votre cœur bat dans votre corps, vous devez progresser et vous améliorer.

Points à retenir

- La partie interne et invisible représente 80% de

réussite dans votre projet de liberté financière.

- La partie externe et visible ne représente que 20% seulement de votre réussite.
- Notre monde interne = le monde des causes et le monde externe = le monde des conséquences.
- La liberté financière, c'est un projet pour réinventer votre vie sur des bonnes bases.
- Le processus de progrès continu : « Faire pour Être » puis « Faire pour Avoir ».
- Et n'oubliez surtout pas : Investissez en premier dans vous-même !

MYTHE N°4: IL EST OBLIGATOIRE DE QUITTER VOTRE EMPLOI AFIN DE VOUS LANCER DANS L'ENTREPRENEURIAT!

Êtes-vous obligé de quitter votre emploi actuel pour créer votre propre business ?

Pas nécessairement !

Car aujourd'hui, les nouvelles technologies d'information vous offrent désormais d'extraordinaires possibilités pour créer votre affaire de façon simple, progressive, à temps partiel, sans être obligé de quitter immédiatement votre job actuel.

En effet, en tant qu'individu ordinaire, les technologies de l'internet vous ouvrent des possibilités d'affaire jamais vues dans l'histoire humaine.

Mais, de quel model d'affaire je vous parle ici ?

La réponse, c'est de **l'e-business**. C'est-à-dire de **monter votre affaire presque 100% sur Internet**.

Et je vous recommande tout particulièrement **l'infopreneuriat** qui est à mon sens le domaine de l'e-business qui offre aujourd'hui le maximum d'avantages.

Qu'est-ce qu'alors l'infopreneuriat ?

Le mot Infopreneuriat est, en fait, formé des deux mots, « information » et « entrepreneur ». Et Il s'agit de commercialiser et de vendre essentiellement des produits immatériels (l'information, connaissances, formations, techniques, conseils, coaching…).

Dans ce modèle de l'infopreneuriat, il s'agit de transformer vos idées en argent, de transformer vos passions et compétences distinctives en affaires et en sources de revenu.

Ce qui est aussi intéressant dans l'infopreneuriat, c'est qu'il n'exige pas de gros investissement au démarrage.

En fait, l'un des plus grands avantages de l'infopreneuriat, c'est que vous n'avez besoin pour y commencer que d'un PC connecté à l'internet.

Et votre principal facteur de production n'est autre que votre propre cerveau.

Le travail avec l'effort musculaire est révolu. C'est l'ère, par excellence du travail avec le cerveau ! Et les possibilités sont pratiquement illimitées.

Aujourd'hui, il n'existe plus de barrière pour devenir financièrement libre.

Notamment, il n'y a pratiquement plus de barrière :

- Géographique,
- Culturelle,
- d'âge,
- de sexe,
- de moyens au départ,
- de formations et de diplômes,

- de rang/classe sociale...

Profitez de la nouvelle économie pour créer votre e-business à succès !

Vous avez ainsi la possibilité de démarrer dès maintenant pendant votre temps libre et sans quitter votre job.

Et ce n'est qu'une fois votre nouvelle activité en ligne vous génère des revenus stables et assez satisfaisants, que vous pouvez démissionner tranquillement.

De cette manière, vous allez vous consacrer à 100% à votre e-business pour le développer davantage et pour ainsi faire croitre mieux encore vos revenus.

L'infopreneuriat n'est pas seulement le domaine d'affaire le plus prometteur, mais c'est aussi le domaine le plus accessible à la majorité de gens et qui offre incontestablement le meilleur cadre de vie.

Pensez-y juste un instant : Existe-t-il un meilleur cadre de vie que de créer son business autour de ses passions, à partir de son PC, de chez lui et qui procure assez de temps libre ?!

Les portes de l'infopreneuriat sont ainsi ouvertes à la plupart de gens ordinaires. Même un simple individu qui sait se servir de son PC peut y réussir.

Personnellement je suis très redevable à ce merveilleux model d'affaire.

Car, mon engagement dans ce nouveau monde de l'e-business ne m'a pas seulement sauvé de mes échecs successifs, mais il a aussi et surtout transformé radicalement ma vie privée et professionnelle.

D'autre part, il faut souligner que les Infopreneurs existent depuis quelques vingtaines d'années et le phénomène ne cesse de se concrétiser jour après jour.

Et déjà des milliers d'individus ordinaires, de par le monde, ont franchi le pas et ont réalisé des succès extraordinaires.

À l'aide de l'infopreneuriat, ils ont pu transformer radicalement leur vie pour le mieux.

Pourquoi alors pas vous ?

Il est donc grand temps pour créer, vous aussi, votre propre affaire digitale en ligne.

En voici rapidement quelques avantages et points forts de l'infopreneuriat :

· L'infopreneuriat est loin d'être saturée, elle n'est relativement qu'à ses débuts !

· L'infopreneuriat ne nécessite qu'un minimum d'investissement en argent ; par contre, il nécessite un investissement en temps et en efforts ;

· Toute personne sérieuse et adoptant des stratégies appropriées peut y réussir.

· L'infopreneuriat est, par excellence, le domaine d'affaire qui procure le plus de liberté.

· L'infopreneuriat offre un cadre professionnel marqué par plus de flexibilité, plus de liberté de choix, plus de mobilité et plus d'affranchissement des contraintes temporelles et géographique (temps et lieu).

· L'infopreneuriat vous assure des revenus récurrents et passifs.

· Il vous permet de travailler à temps partiel et choisi.

· Il vous permet de créer rapidement votre propre entreprise.

· Il vous permet de diversifier vos revenus.

· Il déconnecte vos revenus du temps du travail.

· Dans l'infopreneuriat, vous n'avez pas obligatoirement besoin de personnel, ni de locaux. Tout le travail se fait sur PC et en ligne

· En plus, ses champs d'application sont illimités et ne cessent de s'enrichir avec le temps.

· Dans l'infopreneuriat, vous pouvez travailler sur ce que vous aimez le plus faire. C'est-à-dire sur vos passions !

· Ce qui est encore plus fascinant dans ce domaine, c'est que vous pouvez y commencer immédiatement. Aussi, vous n'êtes pas obligé de quitter votre emploi actuel.

· Vous n'avez pas besoins de gros investissements de départ.

· Les principaux facteurs de production sont votre propre cerveau et un ordinateur connecté à l'internet.

· Vos produits sont essentiellement : vos connaissances, vos passions, vos expertises et vos conseils. La fabrication se fait dans votre cerveau.

· L'infopreneuriat peut être exercé à partir de chez soi. Et même vous permet de voyager tout en continuant de faire son boulot.

· C'est, aujourd'hui, la meilleure façon de gagner de l'argent.

MYTHE N°5: S'ATTENDRE À DES SOLUTIONS MIRACLES POUR ATTEINDRE LA LIBERTÉ FINANCIÈRE!

Ne rêvez pas que ce soit plus facile. Décidez simplement d'être meilleur. Si vous n'êtes pas prêt à risquer l'inhabituel vous vous assurez une vie médiocre. – Jim Rohn

La liberté financière n'est pas un jeu au loto !

La liberté financière n'est le résultat ni du hasard ni de la chance !

Toutes les personnes qui sont effectivement parvenues à leur liberté financière ne peuvent que vous confirmer fortement cette vérité.

La liberté financière n'a jamais été synonyme du gain au loto !

Par ailleurs, chercher des solutions magiques et sans efforts est une attitude des gens perdants. C'est le type de gens qui rêvent de gagner à la loterie par pure chance. C'est-à-dire, des gens qui attendent passivement que la richesse leur tombe du ciel sans même bouger le petit doigt.

Si vous attendez à devenir riche de cette manière, vous risquez alors d'attendre pour toujours.

Car, la liberté financière est plutôt **un projet de changement volontaire pour des gens sérieux, actifs, audacieux et qui savent joindre l'action à la pensée.**

Cela signifie que c'est un projet que vous devez prendre au sérieux et **en faire une priorité dans votre vie.**

La liberté financière n'est pas un événement, mais un processus qui s'inscrit dans la durée.

Cela signifie aussi qu'il s'agit **d'un projet que vous devez inscrire dans la durée et dans un processus volontariste d'amélioration continue de votre existence.**

Autrement dit, **il faut agir :**

- **Délibérément,**
- **Intelligemment,**
- **Et massivement.**

Dans ce sens, vous devez être prêts à entamer des changements radicaux aussi bien dans votre vie privée que professionnelle.

Il est ainsi indispensable de passer par une période où vous devez **retrousser les manches** et travailler avec acharnement pour **mettre les bases de vos systèmes sur pied.**

Si quelqu'un vous dit le contraire, alors soyez certain qu'il ne vous dit pas toute la vérité !

La liberté financière ou réinventer votre vie !

Pour atteindre la liberté financière, il vous faut amorcer au moins les cinq (5) changements indispensables suivants :

1. **Changez votre mentalité,** en particulier, tout ce qui concerne la richesse et l'argent. Ainsi changez et améliorez vos pensées et croyances négatives en sur l'argent

et la richesse ;

2. **Apprenez de nouvelles connaissances et acquérez de nouvelles compétences** relatives à la liberté financière. C'est ce qu'on appelle **l'intelligence financière**.

3. **Choisissez un domaine d'affaire** dans lequel vous devez **devenir expert** et dans lequel vous allez faire vos premiers pas vers votre liberté financière.

4. **Appliquez intelligemment des stratégies et techniques** qui marchent le mieux aujourd'hui dans le domaine d'affaire que vous auriez choisi.

5. **Maintenez le focus sur vos objectifs** et continuez d'accomplir chaque jour des actions qui vous rapprochent davantage de votre but.

6. **N'arrêtez jamais d'apprendre et de vous améliorer sur le plan personnel et professionnel.** Car, la vie est un flux continu et dynamique de changements et de progrès...

Et gardez toujours à l'esprit que **la gestion de vos affaires financières est une de vos principales responsabilités et priorités dans la vie.**

Autrement dit, vous ne pouvez laisser votre situation financière au hasard. Car, devenir financièrement libre est régi par **des règles et des lois bien spécifiques que vous devez absolument connaitre et respecter.**

Vous devez alors commencer par établir **une série d'objectifs à long, moyen et court termes.** Puis de traduire ces différents objectifs en **plans d'actions claires, précis et inscrits dans le temps.**

Ensuite, vous devez **commencer, le plutôt possible, par la réalisation de la première action.**

Vous devez également vous entrainer à **garder le focus sur**

vos objectifs et à continuer de réaliser chaque jour des actions pour les réaliser.

De cette manière, vous allez cultiver une **nouvelle mentalité par rapport à la richesse**.

Vous allez aussi développer de **nouvelles habitudes et de nouvelles compétences** qui vous permettraient d'aller le plus rapidement possible vers votre liberté financière.

Sortez progressivement de vos zones de confort

Fixez des objectifs réalistes, mais aussi ambitieux pour déclencher suffisamment de motivation.

Ne dites pas que vous allez multiplier par 5 vos revenus pendant la première année. Ceci peut vous décourager si vous n'y arriverez pas.

Fixer plutôt des objectifs réalistes et progressifs : par exemple, accroitre vos revenus mensuels de 15%, puis de 25%, 35% et ainsi de suite...

Assurez-vous que vos objectifs sont en accord avec vos valeurs profondes. Dans le cas contraire, vous risquez de saboter vous-même ces objectifs.

Et si vos objectifs sont en conformités avec vos valeurs, vous allez gagner doublement :

1) vous aurez le maximum de chance de pouvoir accomplir ces objectifs ;

2) vous allez sentir un bonheur et une énorme autosatisfaction qui vous ressourcera davantage de motivation pour aller de l'avant.

Vivez vos objectifs avec le maximum de vos sens et de vos émotions

Exposez vos objectifs au maximum de vos sens. Pour cela **écrivez toujours vos objectifs sur papier** et affichez-les là où vous pouvez les voir facilement. Il est recommandé de changer régulièrement les emplacements de ces affichages afin de casser la monotonie et de restimuler votre cerveau.

Le plus important encore, c'est que **votre subconscient** sera activé et programmé pour vous aider à rester concentré et à trouver des moyens plus efficaces pour réaliser vos objectifs.

Faites mêmes des schémas ou essayez de trouver des photos illustrant vos objectifs.

Essayez d'imaginer et de visualiser votre future situation quand vous auriez atteint votre liberté financière.

Visualisez comment serait votre vie dans les principales sphères de votre existence. Vivez ces visualisations avec le maximum de sens et d'émotions.

C'est de cette façon que votre puissant subconscient serait profondément ancré par vos objectifs. Il travaillerait ainsi 24/24 heures pour vous trouver les moyens les plus efficaces pour accomplir ces objectifs.

Et sachez qu'autant votre subconscient serait profondément imprégné par vos objectifs, autant il vous aiderait à les accomplir le plus rapidement possible. Il ne vous laisserait jamais abandonner.

Points à retenir

❖ La liberté financière n'est le résultat ni du hasard ni de la chance !

❖ La liberté financière est projet de changement volontariste.

❖ La gestion de vos affaires financières doit être l'une de vos principales responsabilités et priorités dans la vie.

❖ La liberté financière est un projet sérieux pour des gens sérieux, actifs, audacieux et qui savent joindre l'action à la pensée.

❖ Car, devenir financièrement libre est régi par des règles et des lois bien spécifiques que vous devez absolument connaitre et respecter.

❖ Pour atteindre la liberté financière, il est indispensable d'agir délibérément, intelligemment et massivement.

❖ Pour atteindre la liberté financière, il vous faut amorcer au moins les cinq (5) changements indispensables suivants :

1. Changez votre mentalité, en particulier, tout ce qui concerne la richesse et l'argent.

2. Améliorer votre intelligence financière.

3. Choisissez un domaine d'affaire.

4. Appliquez intelligemment des stratégies qui marchent le mieux dans le domaine d'affaire que vous auriez choisi.

5. Gardez le focus sur vos objectifs et continuez de réaliser chaque jour des actions pour réaliser votre but.

6. N'arrêtez jamais d'apprendre et de vous améliorer sur le plan personnel et professionnel.

Questions :

Dites-moi qu'est-ce qui est le plus difficile pour vous :

1. **Changer votre mentalité,** en particulier, tout ce qui concerne la richesse et l'argent ?

2. **Apprendre de nouvelles connaissances et acquérir de nouvelles compétences** relatives à la liberté financière ?

3. **Identifier un domaine d'affaire** dans lequel vous devez **devenir expert** et dans lequel vous allez faire vos premiers pas vers votre liberté financière ?

MYTHE N°6: ATTEINDRE LA LIBERTÉ FINANCIÈRE EST POSSIBLE EN CONSERVANT LA MENTALITÉ DE SALARIÉ!

Mythe n°6 : Atteindre la liberté financière est possible en conservant la mentalité de salarié

A tteindre la liberté financière est possible en conservant la mentalité de salarié ?

Probablement pas !

Car, il est nécessaire de transiter de la mentalité de salarié à l'esprit d'entrepreneur à succès.

Et il n'est plus à démontrer que le conditionnement salarial représente, pour un nombre important de gens, le frein majeur à leur liberté financière.

En plus, le salarié et l'entrepreneur vivent dans deux univers totalement différents :

- ◦ deux états d'esprit différent,
- ◦ deux façons de penser et de raisonner différentes,

- deux visions du monde et d'eux-mêmes différentes…
- des croyances, attitudes et habitudes différentes,
- des façons de gérer leurs émotions différentes,
- des types de relation à l'argent et aux opportunités différentes,
- etc.

Par conséquent, la personne qui désire se lancer dans le monde libre de l'entrepreneuriat n'a pas seulement besoin d'apprendre et d'appliquer des stratégies appropriées.

En effet, transiter de salarié à entrepreneur n'est pas une chose facile.

Elle représente bien plus qu'un simple changement d'emploi.

Il s'agit, en fait, **d'une véritable métamorphose qui nécessite des changements profonds sur plusieurs plans à la fois.**

Une transition est indispensable sur au moins trois niveaux

Cette transition exige surtout des transformations radicales au niveau de :

- **La psychologie :** cela signifie qu'il est nécessaire de développer une mentalité, un mode de penser et d'agir, des croyances et des habitudes d'entrepreneur ;

- **Les connaissances et compétences :** en effet, pour devenir entrepreneur à succès, vous aurez besoin également de nouvelles habilités et savoir-faire… ;

- **Les stratégies, techniques et moyens à utiliser :** le domaine de l'entrepreneuriat est très différent du monde salarial et par conséquent, il nécessite un ensemble de méthodes et d'outils spécifiques.

On doit ainsi changer profondément notre vision du monde et de nous-même, notre façon de penser, notre façon de gérer nos émotions et notre façon d'agir...

Vous devez alors vous libérer en premier lieu des fortes croyances qui sont les plus enracinées dans la mentalité des employés.

Et si vous faites preuve de suffisamment de souplesses pour transiter de votre mentalité actuelle de salarié à celle de l'entrepreneur, alors vous aurez plus de chance pour que votre cheminement vers la liberté financière soit plus sûr.

En effet, en possédant la mentalité et les habilités d'entrepreneur, vous serez en mesure de reconnaitre les opportunités lorsqu'elles se présentent à vous.

Et vous serez prêt à faire tout ce qu'il doit être fait lorsque des changements surviennent dans votre environnement d'affaire.

Autrement dit, il ne suffit pas d'être à la bonne place et au bon moment.

Car, avant cela, **vous devez d'abord être la bonne personne**.

Pour transiter de la mentalité de salarié à celle d'entrepreneur à succès, vous devez alors commencer à changer votre relation à la richesse.

Pour cela, commencez tout de suite à identifier vos principales croyances limitantes en terme de l'argent et de la richesse.

Puis élaborez un plan d'action pour changer ces croyances par d'autres plus saines, plus utiles et plus motivantes.

Donc, avant de quitter votre emploi

Vous devez d'abord être certain que vous ayez développé **la bonne mentalité ou le bon profil psychologique**.

C'est-à-dire, penser et agir comme un entrepreneur et non plus comme un employé.

Questions :

Quelle est la croyance qui vous semble décrire le mieux ce que vous ressentez vous-même et qui vous empêche d'aller vers votre liberté financière :

- Je n'ai pas de véritables valeurs à offrir aux autres ;
- Il n'y a qu'une façon pour moi de gagner ma vie : l'emploi ;
- Il n'y a pas de vraies opportunités en dehors de ma zone de sécurité ;
- Il n'y a que peu de places pour être riche ;
- La richesse est réservée à une population bien spécifique ;
- Il n'y a pas de véritables opportunités alternatives en dehors du système salarial ;
- Il me faut beaucoup d'argent pour atteindre la liberté financière ;
- Je n'ai pas les formations et les compétences appropriées ;
- Je n'ai pas des relations nécessaires… ;
- Je n'ai pas de projets intéressants ;
- Je n'ai pas le temps ;
- J'ai peur d'échouer ;
- Je n'ai pas confiance en moi ;
- Je pense que le marché est saturé.

NB : N'hésitez de me poser vos questions et de me faire

part de votre avis et commentaire sur ce sujet.

Contactez-moi sur :

- liberteglobale@gmail.com

- jamil@academie-ebusinesspro.com

MYTHE 7: LA LIBERTÉ FINANCIÈRE EST ESSENTIELLEMENT UNE QUESTION D'AMÉLIORATION DE NOTRE VIE MATÉRIELLE!

La liberté financière ne consiste pas seulement à améliorer les aspects matériels de nos vies.

Cultivez de bonnes relations à l'argent !

http://verslibertéglobale.com

Car, ce que nous cherchons en priorité dans la liberté financière, c'est un ensemble cohérent de sentiments tels : la sécurité, la liberté, le contrôle de notre existence, le pouvoir d'aider les autres, notre capacité à pouvoir jouir pleinement de notre vie...

En effet, atteindre la liberté financière n'est pas seulement une question d'argent...

...Mais, elle est surtout une **affaire de liberté. Une affaire de qualité de vie.**

C'est la **capacité qu'elle nous procure pour avoir toujours des choix dans tous les domaines de la vie** et notamment dans les domaines suivants :

❖ **Choisir le type de notre travail**...nous ne travaillons que sur ce que nous aimons faire...

❖ **Travailler où nous voulons... et quand nous voulons**...

❖ **Accomplir nos projets privés et professionnels les plus prioritaires** et qui nous tiennent vraiment à cœur...

❖ **Passer plus de temps avec notre famille, nos amis**...

❖ Bref, la Liberté Financière, c'est d'avoir **les capacités nécessaires pour savourer pleinement notre vie**...

Et c'est dans ce sens que la liberté financière est souvent définit dans les termes suivants :

« **La liberté financière, c'est la capacité de pouvoir vivre le genre de vie que l'on veut sans avoir l'obligation de travailler, et sans dépendre de personne.** »

Rappelons les autres aspects importants de la liberté financière

En complément à cette définition, voici des éléments importants pour bien cerner les caractéristiques essentielles de la liberté financière :

• La liberté financière, c'est avoir le choix **du style de sa vie** ;

• Pour la liberté financière, le temps n'est pas de l'argent, mais **le temps, c'est la vie** !

• La liberté financière, **c'est de la liberté** plutôt que de l'argent !

• La liberté financière, **c'est réussir sa vie** et non seulement réussir dans la vie !

• Atteindre la liberté financière n'est pas liée à combien vous gagnez, mais elle dépend étroitement de ce que vous faites avec vos revenus. C'est-à-dire, à la façon avec laquelle vous faites fructifier l'argent gagné.

• Dans la liberté financière, l'argent n'est pas le but ultime mais, un moyen indispensable.

• La liberté financière, c'est en bref, un processus de changement mental qui fera de nous **cette personne accomplie dans les différentes sphères de la vie.**

Réconciliez-vous avec la richesse !

Pour devenir libre financièrement, vous devez assurer certaines conditions préalables :

➤ Il faut d'abord avoir des croyances positives et une relation saine à l'argent.

➤ Est-ce que vous aimez fréquenter quelqu'un qui ne vous respecte pas, ne vous considère pas et ne vous aime pas ? C'est pareil avec l'argent. Il n'apprécie pas d'être dans les poches, les portes monnaies, les comptes bancaires des personnes qui ne le considèrent pas et ne le respectent pas.

➤ Il faut que vos valeurs et vos croyances soient alignées sur votre objectif d'atteindre la liberté financière.

➤ Vous devez ainsi faire partie des personnes qui :

- ont la capacité de voir grand et de rêver d'une vie meilleure et de croire à la possibilité de sa réalisation.

- ont un état d'esprit positif et optimiste.

- ont la psychologie des riches.

- sont tournées vers « **faire ce qui est meilleur pour elles** » et non vers « **faire comme le voisin** ». C'est-à-dire, sont des personnes non conformistes.

- ont osé, malgré les peurs, de faire le fameux premier pas qui change tout !

- ont la détermination de poursuivre l'expérience jusqu'au bout.

➤ Vous devez faire de la liberté financière un objectif majeur de votre vie et de faire tout ce qui est nécessaire pour y arriver.

➤ Pour atteindre la liberté financière, vous devez faire des sacrifices à court terme pour obtenir des récompenses durables à long terme.

➤ La liberté financière, signifie d'être responsable à 100 % de la gestion de votre argent et de vos propriétés.

➤ La liberté financière se construit progressivement. Donc, ce n'est pas le genre de gagner au loto. Ce n'est pas non plus des baguettes magiques ou des solutions miraculeuses.

➤ **La liberté financière ne peut être atteinte que par l'intermédiaire de la valeur que vous apporterez à une population spécifique, à un marché ou une niche**. Autrement dit, l'atteinte de votre liberté financière passe obligatoirement par l'aide et la valeur que vous allez apporter aux autres gens, c'est-à-dire au travers vos solutions et services…

➤ Ainsi, en travaillant sur l'objectif de votre propre liberté financière, vous apporterez votre contribution dans un monde en perpétuel changement.

Les six piliers indispensables de la liberté financière

Et n'oubliez surtout pas que la Liberté Financière repose sur **les six piliers incontournables** suivants :

➤ Être ;

➤ Attitudes (Savoir-être) ;

➤ Compétences (Savoir-faire) ;

➤ Relations ;

➢ Argent

➢ et Actions (Faire).

Le processus de la liberté financière en 5 étapes

La liberté financière exige de s'engager dans un processus en cinq temps essentiels :

❖ **Développer l'esprit de riche** ; Êtes déterminé et prêt à vous libérer financièrement. Se libérer de toutes vos dettes de consommation et ne jamais les refaire.

❖ **Economiser ; Réduire vos dépenses** pour pouvoir épargner une partie de vos revenus.

❖ **Epargner sur votre revenu mensuel**. Épargnez au moins 10% de votre revenu. Cette épargne devrait être exclusivement réservée pour l'investissement.

❖ **Faire le premier Investissement**. Investir dans le domaine de la liberté financière choisi. S'assurer que le domaine choisi vous passionne vraiment.

❖ **Diversifier vos investissements**. Une fois le premier projet d'investissement acquis, passez à l'investissement dans d'autres projets relevant, de préférence, du même domaine de la liberté financière. Ainsi, vous accumulerez de l'expérience, de l'expertise et par voie de conséquence vous accroîtrez vos revenus.

Points à retenir

➢ La liberté financière, c'est cette capacité de choix qu'elle vous procure dans tous les domaines de la vie ;

➢ La liberté financière vise principalement à vous permettre de vivre vos rêves les plus chers ;

➢ Car, au final, ce n'est pas l'argent que nous cherchons.

Nous cherchons les sentiments, les émotions que nous croyons qu'il peut nous procurer notamment :

- Le sentiment de sécurité ;
- Le sentiment d'autonomie et de liberté ;
- Le sentiment d'avoir toujours de larges choix ;
- Le sentiment de pouvoir apporter de l'aide à nos proches et à tous ceux qu'on aime ;
- le sentiment d'avoir un véritable contrôle sur notre vie ;
- Le sentiment de satisfaction de notre capacité de savourer pleinement notre vie.

➢ La liberté financière, c'est également la capacité de pouvoir vivre le genre de vie que l'on veut sans avoir l'obligation de travailler, et sans dépendre de personne ;

➢ Pour devenir financièrement libre, vous devez entreprendre plusieurs changements afin de **devenir cette personne accomplie et capable de faire tout ce qu'il faut** pour obtenir tout ce vous désirez.

➢ La Liberté Financière repose sur **les six piliers incontournables :** Être ; Savoir-être ; Savoir-faire ; Relations ; Argent ; Actions (Faire).

➢ La Liberté Financière se fonde sur **un processus en 5 étapes capitales** : Développer l'esprit de riche ; Economiser ; Epargner ; Investir ; Diversifier.

Question :

Dites-moi sincèrement quel est, parmi les éléments ci-dessous, celui qui a le plus d'importance pour vous dans votre liberté financière :

❖ **Choisir le type de votre travail ?**

❖ **Travailler où vous voulez et quand vous voulez** ?

❖ **Accomplir vos projets privés et professionnels les plus prioritaires** et qui vous tiennent vraiment à cœur ?

❖ **Passer plus de temps avec votre famille, vos amis…** ?

❖ **Autres** ? Merci de les préciser…

Vous pouvez me contacter sur :

- liberteglobale@gmail.com

- jamil@academie-ebusinesspro.com

MYTHE N°8: LA LIBERTÉ FINANCIÈRE SIGNIFIE NE PLUS TRAVAILLER !

Est-ce que la liberté financière signifie ne plus travailler ?

Pas forcément !

La liberté financière n'est pas obligatoirement une vie de rentier. Elle n'est pas non plus synonyme de l'oisiveté.

Aussi, la liberté financière ne signifie pas nécessairement ne plus travailler.

La liberté financière, c'est plutôt la liberté par rapport aux éléments suivants :

❖ **Le type du travail** : La liberté de choisir son travail. Dans ce sens, la liberté financière signifie, en particulier, de choisir un travail autour de vos passions. **Confucius** dit : « *Choisissez un travail que vous aimez et vous n'aurez pas à travailler un seul jour de votre vie.* »

❖ **Le lieu du travail** : La liberté financière veut dire que vous n'êtes pas obligé de faire chaque jour le même circuit infernal « Metro-boulot-dodo ». Car, vous pouvez travailler de chez vous et même tout en voyageant à travers le monde

❖ **Le temps du travail** : Avec la liberté financière, vous pouvez travailler à temps choisi ; Vous choisissez les heures de votre travail. Et vous pouvez arrêter de travailler à n'importe quel moment. Vous pouvez prendre les vacances à n'importe quelle saison de l'année. C'est vous le chef. Et vous n'avez à rendre compte à personne à part à vous-même !

❖ **Les gens avec qui faire équipe** : vous n'êtes plus obligé de travailler avec les gens que vous n'aimez pas…Vous pouvez choisir délibérément de ne travailler qu'avec les personnes qui partagent vos valeurs et votre vision dans la vie.

❖ **Pas de parton** : vous êtes vous-même votre propre patron. Vous ne recevez plus des ordres de quelqu'un d'autre. Vous travaillez pour accomplir vos propres objectifs. Vous utilisez les méthodes, les stratégies et les techniques que vous préférez. Personne ne peut plus vous imposer des objectifs, des manières et des horaires de votre travail.

❖ **Le temps libre** : le plus important avantage de la liberté financière, c'est qu'elle vous assure des revenus déconnectés du temps du travail. Cela vous génère assez du temps libre que vous pouvez consacrer à vos proches, à vos loisirs, à vos projets extraprofessionnels…Plus vous progresserez dans votre activité professionnelle, plus vous aurez du temps libre. Et peut-être un jour, vous seriez capable de ne jamais avoir besoin de travailler pour assurer le style de vie que vous désirez.

❖ **Le style de vie** : L'objectif ultime de la liberté financière, c'est d'avoir le mode de vie que vous désirez. Vous aurez ainsi toujours des choix dans les différents domaines de votre vie privée et professionnelle. Et vous aurez le pouvoir de choisir ce qui vous convient le mieux, ce qui est en accord avec vos valeurs, vos aspirations et vos priorités dans la vie...

Question :

Quel est pour vous l'élément, parmi les suivants, qui vous motive le plus pour bâtir votre propre liberté financière :

1. Choisir le domaine de votre travail ?

2. Choisir le lieu de votre travail ?

3. Choisir les gens avec qui travailler ?

4. Avoir plus de flexibilité dans le temps du travail ?

5. Ne plus avoir un patron ?

6. Avoir assez de temps libre ?

7. Avoir la capacité de vivre la vie de vos rêves ?

MYTHE N°9: LA LIBERTÉ FINANCIÈRE EST UNIQUEMENT UNE AFFAIRE DE STRATÉGIES ET DE TECHNIQUES!

La liberté financière, ou comment exploiter vos ressources insoupçonnées

Pourquoi il est indispensable de développer d'abord votre psychologie de la richesse ?

VERSLIBERTEGLOBALE.COM

Pensez-vous que la liberté financière est uniquement une affaire de bonnes connaissances et compétences en finances ?

Ou, qu'elle est essentiellement le résultat de l'application des stratégies spécifiques bien éprouvées ?

Si vous le pensez, alors vous n'êtes pas le seul ou la seule !

Et pourtant, ce n'est que partiellement vrai !

Car, **la liberté financière repose sur plusieurs éléments à la fois**.

Elle a surtout besoin de deux piliers les plus indispensables.

Le premier pilier consiste d'abord à développer une mentalité spécifique, un état d'esprit particulier et une manière de penser singulière.

Bref, il s'agit, en fait, d'une sorte de **préparation mentale et émotionnelle** pour entreprendre le voyage vers la liberté financière.

Autrement dit, il s'agit de bâtir une **psychologie bien particulière à la liberté financière**. C'est **la psychologie de la richesse.**

Et ce n'est qu'une fois avoir développé ce type de psychologie, que vous auriez besoin du deuxième pilier indispensable.

Il s'agit cette fois-ci, de stratégies et de compétences bien adéquates pour bâtir intelligemment votre affaire commerciale.

Rappelez-vous que **la liberté financière est une affaire à la fois :**

- **De l'intelligence du cœur,**

- **Et de l'intelligence d'esprit.**

Votre psychologie de la richesse est la première base fondamentale de votre liberté financière

En effet, nous savons tous que nos **réalisations** sont le résultat de nos **actions**.

Et nos **actions** sont le résultat de nos **croyances**, de nos **émotions** et de nos **attitudes**.

Et nos **croyances** et **émotions** sont le résultat de nos **pensées**.

Et enfin, nos **pensées** sont le résultat de **nos programmes psychologiques internes**.

Nous pouvons ainsi schématiser rapidement ce processus comme suit :

Nos programmes psychologiques internes >> nos pensées >> nos croyances, émotions et attitudes >> nos actions >> nos résultats dans la vraie vie.

Donc, au final, **nos réalisations sont le résultat de nos programmes psychologiques internes.**

Ainsi, **la psychologie de la richesse est la composante fondamentale de l'esprit de l'entrepreneur à succès.** Et par conséquent, elle est le socle incontournable de la Liberté Financière.

En effet, aujourd'hui, les neurosciences nous fournissent de formidables enseignements sur le fonctionnement de notre cerveau. Notamment sur la grande puissance de notre esprit subconscient.

Et de nos jours, il existe de très bons livres qui nous aident à comprendre ces fabuleux pouvoirs de notre cerveau.

Dans ce sens, vous avez très probablement lu le célèbre livre « **L'intelligence émotionnelle** » de **Daniel Goleman** (docteur en psychologie, et a enseigné à Harvard). Sinon, je vous recommande vivement sa lecture. Car, c'est un livre assez complet sur le sujet et qui est écrit dans un langage très accessible aux non-spécialistes.

Les neurosciences nous aident ainsi à prendre conscience de l'énorme puissance de **nos émotions et de notre esprit subconscient.**

Nous savons actuellement que l'influence de ces derniers sur la qualité et la destinée de notre vie est très grande.

Nous savons, en particulier, que la quasi-majorité de nos choix et de nos décisions sont dictés par **nos émotions et notre esprit subconscient** plus que par notre raisonnement ou notre esprit logique conscient.

D'où l'importance centrale de **la bonne programmation de notre puissant esprit subconscient** sur tout ce qui est positif et utile : la persévérance, l'abondance, la joie, la liberté, la confiance en soi, l'engagement, le passage à l'action, le succès...

Ne faites surtout pas cette erreur !

Il faut souligner que nombreuses sont les personnes qui échouent et qui abandonnent leur projet de devenir financièrement libre juste parce qu'elles n'ont pas travaillé suffisamment sur eux-mêmes. Elles ne se sont surtout pas convenablement préparées sur les plans mental et émotionnel.

Alors que toute vraie réussite se construit d'abord en interne.

Et si votre monde interne n'est pas bien programmé, vos chances d'atteindre vos ambitieux objectifs sont alors très minimes.

Donc, il faut d'abord commencer par bâtir **les fondations internes de votre réussite**. Il s'agit essentiellement d'assurer les fondements indispensables de **votre profil psychologique gagnant**.

Et ce n'est que par la suite que vous pourriez passer tout naturellement à bâtir **les fondations externes de votre succès**.

Quant à ces dernières, elles sont composées principalement par **l'apprentissage de nouvelles connaissances sur le monde du business** (l'entrepreneuriat) et par l'acquisition des compétences appropriées au domaine d'affaire que vous auriez choisi.

Mais, ce qu'il faut surtout ne pas perdre de vue, c'est que

les fondations externes ne servent pratiquement à rien si les fondations internes ne sont pas solidement constru-ites en premier lieu.

Les gens qui perdent de vue ce principe ont beaucoup moins de chance à réussir.

Ces gens, même s'ils investissent énormément dans l'acquisition de connaissances pertinentes et suivent des formations efficaces sur des stratégies éprouvées, la probabilité de réussir est très infime.

Car, tout simplement ils risquent de ne pas pouvoir aller plus loin.

Et il peut arriver à ces gens de se demander pourquoi ils ont échoué alors qu'ils ont fait tout ce qu'il leur semblait nécessaire.

La règle du succès est pourtant assez simple et claire :

• Si vous avez un profil des perdants votre situation financière ne serait que médiocre et mesquine.

• Si par contre votre profil psychologique est celui des gagnants alors votre situation financière ne serait que prospère et florissante.

Et souvenez-vous que le monde de l'entrepreneuriat est très différent du modèle salarial.

C'est, en fait, le domaine où on est amené à faire face à plus de risques, plus de surprises et plus d'incertitudes.

Et c'est le domaine dans lequel, on est totalement autonome, donc 100% responsable sur nos résultats.

C'est également le domaine dans lequel les revenus ne commencent à arriver qu'après une certaine phase d'investissements en temps, en efforts et en argent.

Pour toutes ces raisons, l'entrepreneur a plus besoin de se pencher sérieusement sur la construction des bases de sa croissance personnelle.

Alors, ne commettez pas l'erreur des 97% des nouveaux entrepreneurs.

Soyez plutôt parmi les 3% des entrepreneurs à succès.

Pour cela, commencez votre voyage en maîtrisant **les principes fondamentaux et indispensables de la Liberté financière.**

Et rappelez-vous que la liberté financière n'est pas réservée uniquement à quelques privilégiés.

En effet, tout un chacun peut développer ses potentiels pour jouir de chaque instant de sa vie et ceci en dépit de sa situation actuelle et des aléas de la vie.

Pour cela, vous devez développer en premier lieu **votre liberté interne**.

· En effet, **la véritable liberté émane de notre for intérieur**. Les facilités externes ne viennent que par la suite, pour renforcer et consolider la liberté intérieure et lui donner plus de richesse et plus de joie !

· Sans la liberté interne, il est pratiquement impossible de parler de liberté de quelque nature soit-elle. Dans ce cas, les apports externes ne seront d'aucunes utilités.

· Vous devez d'abord chercher **une vérité de vous-mêmes plus riche et plus durable.** Et vous devez chasser les différentes illusions cumulées dans votre subconscient. C'est aussi de bien connaitre **votre mission** et ce que vous voulez vraiment de la vie et dans la vie.

. **Car, la liberté interne, c'est aussi d'accepter la personne unique que vous êtes**. Acceptez-vous tel que vous êtes ! Ceci vous libère des comparaisons négatives et superficielles avec les autres.

Cela ne signifie pas, pour autant, de ne pas prendre d'exemple sur des personnes à succès. Au contraire, cela veut dire, d'accepter à apprendre constamment de la vie et des autres personnes. Mais tout en restant vous-même, **en respectant vos caractéristiques et vos particularités**. Parce que vous êtes UNIQUE.

Si vous continuez à lire ce guide jusqu'à ces lignes, c'est alors une bonne preuve que vous envisagez sérieusement devenir un entrepreneur à succès.

Alors BRAVO !

Vous êtes ainsi certainement prêt :

- A favoriser les résultats à long terme sur les gratifications éphémères du court terme.

- A vous focaliser sur la réalisation des objectifs prioritaires en dépit des douleurs temporaires.

- A élever régulièrement d'un cran de plus vos niveaux de performance, de connaissance et de progression.

- A faire de l'effet cumulé, de la régularité et de la persévérance de véritables alliés dans votre voyage.

- A prendre 100% de responsable à ce qui vous arrive aussi bien dans votre monde interne qu'à ce qui vous arrive dans le monde externe.

- A prendre la ferme décision d'apprendre les principes fondamentaux de la liberté financière et d'accomplir tout ce qui doit être fait pour les mettre en application et pour créer la vie dont vous rêvez.

D'autre part, la liberté financière se base sur des **compétences** (savoirs), **des stratégies** (savoir-faire) et **des performances** (faire efficacement).

D'où la nécessité de construire également le **deuxième pilier fondamental de la liberté financière.**

Points à retenir

- **La liberté financière est une affaire à la fois de l'intelligence du cœur et de l'intelligence d'esprit.** Elle a ainsi besoin de deux piliers indispensables.

- **Le premier pilier de la liberté financière,** c'est de développer une mentalité spécifique, un état d'esprit particulier et une manière de penser singulière.

- il s'agit de bâtir une **psychologie bien particulière à la liberté financière. C'est la psychologie de la richesse.**

- Et n'oubliez pas **le processus de réussite** : vos programmes psychologiques internes >> vos pensées >> vos croyances, émotions et attitudes >> vos actions >> vos résultats dans la vraie vie.

- **Le deuxième pilier de la liberté financière**, c'est d'apprendre et d'appliquer intelligemment **des stratégies et des techniques bien appropriées** au domaine d'affaire dans lequel vous auriez choisi d'évoluer.

MYTHE N°10: ATTEINDRE LA LIBERTÉ FINANCIÈRE PEUT SE FAIRE SANS DÉFIS, SANS OBSTACLES ET SANS ÉCHECS!

Afin de vivre libre et joyeux tu dois sacrifier l'ennui.
Ce n'est pas toujours un sacrifice facile.
- Richard Bach

Est-ce que le voyage vers la liberté financière peut se faire sans défis, sans obstacles et sans échecs provisoires ?

Réponse : Pas du tout !

Et seuls les rêveurs ayant des attentes irréalistes qui pensent que tout sera facile et se passera exactement comme ils souhaitent et sans le moindre obstacle.

Cessez de penser comme un joueur au loto !

En fait, la liberté financière passe forcément par **la création de votre propre business.**

Et créer son propre affaire n'est pas une chose facile. Il est incontournable de rencontrer des situations inattendues et décevantes.

Les erreurs, les échecs et les déceptions font partie indissociable du chemin du succès dans le monde de l'entrepreneuriat.

Si on n'est pas bien préparé mentalement et émotivement, dès le départ à tout cela, on risque alors de rembourser chemin et de tout laisser tomber, notre rêve avec.

Toutefois, j'aime signaler que ce qui distingue l'entrepreneuriat du modèle salarial, c'est que dans l'entrepreneuriat le plus difficile se situe tout au début. Et en général les choses s'améliorent tout en avançant.

Alors que dans le système salarial, la difficulté va en croissant dans le temps et le plus difficile reste ainsi à la fin.

Donc, dans l'entrepreneuriat, le plus important se joue dans les premières phases de votre projet. C'est dans ces phases que vous avez beaucoup à apprendre et à faire face à le plus d'obstacles.

Obstacles internes vs obstacles externes

On peut classer ces obstacles dans les deux grandes catégories suivantes :

1. Obstacles internes

> *« Ce qui nous fait le plus peur,*
> *c'est très souvent notre propre lumière,*
> *ce que nous sommes capables d'accomplir. »*
> *- **Nelson Mandela**,*

Les premiers obstacles et les plus redoutables émanent très souvent de notre propre monde interne.

Il peut s'agir de :

- ◦ Nos croyances limitantes,

- Nos habitudes défaitistes,
- Nos peurs,
- Nos ignorances,
- Nos attachements à nos différentes zones de sécurité,
- Nos illusions,
- Nos mythes…

Il peut également s'agir d'un ensemble de nos faiblesses telles :

- le manque de l'autodiscipline,
- le manque de la persévérance,
- le manque de la détermination,
- le manque de la clarté,
- le manque de l'engagement,
- le manque de l'audace,
- le manque de l'enthousiasme,
- le manque de la passion,
- le manque de la motivation,
- le manque de la confiance en soi,
- la paresse,
- l'arrogance,
- etc…

2. Obstacles externes

On peut résumer les principales causes des obstacles externes à notre difficulté d'accepter et de faire face aux :

- Rejets ;
- Échecs provisoires,
- Efforts à fournir en continu ;
- Différentes adversités imprévues et indésirables dans

la vraie vie,

- etc.

Il est à noter que chaque individu réagit à sa façon à ces différents « obstacles externes ».

Prenons l'exemple de deux commerçants d'un même produit ou service. Face à un même nombre de rejets, le premier commerçant peut carrément abandonner, alors que le deuxième va chercher d'autres techniques afin d'améliorer davantage ses performances.

Et c'est pour cela qu'il faut souligner qu'on peut ramener la plupart de ces obstacles externes à leur origine dans nos obstacles internes.

Votre grandeur est proportionnelle à la grandeur de vos objectifs.

En conséquence, si vous désirez aller vers votre liberté financière, alors vous devez vous libérer de l'illusion selon laquelle : «**Le voyage vers la liberté financière peut se faire sans défis, sans obstacles et sans échecs provisoires** »

Acceptez la réalité que votre chemin vers la liberté financière n'est pas exempt d'obstacles, de difficultés, d'adversités et de tout type de problème.

Et, en général, autant votre rêve est grand autant les difficultés pour l'atteindre sont aussi grandes.

Et n'oubliez surtout pas que les grands hommes ont de grands rêves, de grands objectifs.

Autrement dit, votre grandeur est proportionnelle à la grandeur de vos objectifs.

Car, c'est notre rêve qui nous pousse à nous améliorer constamment, à nous progresser dans nos actions et à grandir sur plusieurs plans.

En effet, ce sont essentiellement vos ambitieux objectifs qui vous assurent de :

- Prendre des risques calculés,
- Élargir, en permanence, votre zone de confort.
- Affiner vos capacités,
- Affermir votre expertise,
- Vous mettre au défi d'exploiter le maximum de vos potentiels et d'aller le plus loin que vous pouvez,
- Conserver votre enthousiasme,
- Apprendre régulièrement de nouvelles connaissances,
- Explorer d'autres horizons,
- S'ouvrir sur d'autres idées et sur d'autres alternatives,
- Emprunter des sentiers non battus,
- Suivre de nouvelles formations,
- Acquérir de nouvelles compétences,
- S'initier à de nouvelles stratégies,
- Se procurer de nouvelles techniques et astuces,
- S'associer avec d'autres personnes,
- Élargir vos relations sociales,
- Développer de nouvelles croyances utiles et saines,
- Créer de nouvelles habitudes constructives,
- Construire de nouvelles attitudes gagnantes,
- Aiguiser vos performances,
- Améliorer vos comportements,

- Affuter vos actions,

- Approfondir votre éveil, votre liberté

- Éveiller le géant qui sommeille en vous.

PARTIE 2.3: COMMENT VOUS LIBÉRER DE CES 19 OBSTACLES PARALYSANTS

L es 19 obstacles que nous venons d'identifier, le long des pages précédentes, sont les plus typiques et les plus récurrents auxquels la plupart de gens sont confrontés.

J'espère alors que les discussions qu'on a eues dans les différents chapitres de ce guide vous ont permet de prendre conscience du comment ces 19 obstacles empoisonnent la vie à la plupart de gens.

Nous avons, en fait, vu comment ces obstacles :

- Font perdre aux gens les nombreuses opportunités qui se présentent à eux.

- Empêchent la majorité de gens d'envisager la possibilité d'une vie meilleure, d'une vie libre et prospère.

- Bloquent les gens d'aller vers leur liberté financière.

- Privent les gens de prendre leur vie en main et de savourer pleinement leur existence dans ce monde.

Alors que paradoxalement, aujourd'hui notre génération a la grande chance de vivre une époque exceptionnelle dans toute l'histoire humaine.

En voici quelques éléments sur cette fascinante phase que nous sommes en cours de traverser :

- Aujourd'hui, le monde est entré dans une nouvelle ère où tout change à une grande vitesse.

- Il s'agit, en fait, de l'avènement et la concrétisation de la société de l'information et du savoir.

- Cette nouvelle ère digitale a introduit des changements radicaux dans toutes les dimensions de la vie humaine et en particulier dans le monde des affaires.

- Et désormais, dans ce nouveau contexte, il existe une abondance inédite d'opportunités d'affaires pour un simple individu.

- Bref, pour la première fois de toute l'histoire humaine, même une personne très ordinaire a une énorme chance et un minimum d'obstacles pour devenir financièrement libre.

- Mais, vous avez le choix soit, de rester un simple spectateur passif ou à l'inverse, de décider de devenir un véritable acteur en prenant part active et délibérée à ce qui se passe.

- Dans le deuxième choix, vous devez vous adapter à ces évolutions radicales. Vous devez développer l'esprit souple et ouvert d'entrepreneur.

- Vous devez réexaminer et revoir vos positions, vos idées et vos croyances.

- Ne soyez surtout pas comme la grande majorité de gens qui passent à côté des formidables nouvelles opportunités dans le monde des affaires sur internet.

- Ne sous-estimez pas votre pouvoir de choix et de décision !

- Et souvenez-vous, vos décisions financières sont parmi les plus importantes. Car, elles impactent plus ou moins toutes les autres composantes de votre existence ;

- Et avoir une meilleure qualité de vie ne peut que passer par l'atteinte d'une situation financière prospère, stable et pérenne.

D'autre part, j'ai essayé de vous donner, dans chaque chapitre de ce guide, des conseils spécifiques pour faire face au type d'obstacle qui y est exposé.

Alors, j'espère que maintenant vous êtes plus disposé à :

- Revoir vos idées et vos croyances au sujet de la liberté financière.

- Considérer que cette dernière n'est pas une mission impossible comme le croit la majorité de gens.

- Envisager de créer, vous aussi, votre propre business sur internet ou hors le net. L'essentiel est que c'est ce business qui vous servirait de démarrage de votre voyage vers votre liberté financière.

Et en complément aux solutions que je vous ai déjà proposées dans chacun des chapitres précédents, je vous recommande **une synthèse de quatre redoutables armes** qui ont fait leurs preuves.

En fait, sur le chemin de votre liberté financière, vous allez certainement rencontrer d'autres types d'obstacles et de difficultés. Donc, vous aurez besoin, entre autres, à ces quatre redoutables armes pour ne pas abandonner au premier échec ou au premier essai infructueux.

VOTRE PREMIÈRE REDOUTABLE ARME :

Le passage à l'action

«Il n'y a que dans le dictionnaire que réussite vient avant travail.»
- Pierre Fornerod

Vous pouvez définir de très bons objectifs. Vous pouvez élaborer de très beaux plans. Mais si vous n'agissez pas, si vous n'entreprenez pas des actions concrètes en direction de vos objectifs, tout cela ne servirait à rien.

Ce serait un gâché du temps et d'énergie. Vous resterez, tout simplement, piégé dans la case de départ. Car, ce n'est qu'en mettant un pas après un autre que vous avancerez.

Faites un pas chaque jour et votre rêve pourrait devenir réalité dans un proche avenir.

Le 1er PAS est vraiment capital !

La plupart du temps, c'est la peur qui nous freine et qui nous barre la route.

Félix Leclerc affirme qu'il y a plus de courage que de talents dans la plupart de réussites.

De sa part, l'auteur **Susan Jeffers** recommande : « **Tremblez mais oser quand-même !** ». C'est d'ailleurs ce que font toutes les personnes à succès.

En fait, il faut savoir que même les plus fortes personnalités et les personnes qui ont connu d'extraordinaires réussites ont aussi leurs peurs et leurs doutes.

Mais, la grande différence entre les gagnants et les perdants, c'est que les premiers agissent et avancent malgré les peurs et les doutes qu'ils ont.

Quant aux perdants, ils permettent à leurs peurs de les paralyser et de les empêcher d'aller de l'avant pour réaliser leurs objectifs.

La peur prend racine dans le manque de confiance en soi. Et en général, la peur n'a rien avoir avec le monde externe. Elle est plutôt liée à notre monde interne. Elle est le résultat de notre conditionnement. Elle est liée à nos idées, à nos croyances sur nous-mêmes et sur le monde.

D'un autre côté, la peur sera toujours là. Tant que vous évoluez. Tant que vous apprenez de nouvelles compétences. Tant que vous entreprenez de nouvelles actions. Et tant que vous progressez.

La peur un compagnon fidèle du progrès

La peur va en parallèle avec le mouvement et la progression.

Si vous n'avez plus peur, cela signifie que vous ne progressez plus !

Dans ce cas, vous êtes plutôt pigé dans votre zone de sécurité même si vous avez l'impression d'avancer.

Et la meilleure solution que l'on dispose pour faire face à nos peurs, n'est autre que **l'ACTION**. La peur disparait progressivement avec les actions effectives que l'on entreprend.

En fait, la plupart des peurs des gens ne sont que des illusions. Des fantasmes qui sont les construits de leur mentale. Et ces derniers disparaissent dès qu'on commence à agir dans le monde réel.

Nous connaissons tous que pour apprendre à nager, il faut, tout simplement, nous jeter à l'eau malgré notre grande peur !

Alors, quelle que soit votre situation financière actuelle et quelle que soit la situation financière cible à laquelle vous aspirez et quelles que soit vos planifications, la clé, c'est d'agir et de foncer immédiatement.

Faites quelque chose maintenant dans la direction de votre objectif ! D'ailleurs, il y a forcément toujours quelque chose que l'on peut faire dès cet instant.

Et c'est concrètement par « **pas après pas** » que vous allez arriver. **Alphonse de Lamartine** traduit cette vérité dans une éloquente phrase : « *Le monde est un livre dont chaque pas nous ouvre une page* »

Agissez dès maintenant !

Prenez aussi en considération les éléments suivants :

Après avoir déterminé clairement ce que vous voulez vraiment. Et après avoir planifié la réalisation des objectifs correspondant.

Il faut agir immédiatement :

- **Commencer à l'instant même d'entreprendre des actions** dans la direction de ces objectifs.

- **Elargissez votre zone de confort !** Vous devez avoir accepté de sortir de votre « zone de confort » pour aller vers de nouveaux horizons.

- **Faites un contrat avec vous-mêmes qui vous engage.** Vous devez ainsi être engagé à faire des choses différentes pour obtenir des résultats différents.

- **Sortez du conformisme** ! Faites aujourd'hui ce que les gens ne veulent pas faire, pour avoir demain ce que les autres n'auront pas.

VOTRE DEUXIÈME REDOUTABLE ARME:

La persévérance

« Le succès fut toujours un enfant de l'audace »
- **Prosper Crébillon**

Qu'est-ce que la fourmi vous apprend ?

Soyez comme la fourmi, elle possède une détermination incroyable !

Et vous aurez énormément besoin d'une forte dose de détermination et de persévérance pour accomplir vos différentes responsabilités en tant qu'entrepreneur.

En fait, dans votre projet de la liberté financière, **vous êtes votre propre PDG**. :

- C'est vous qui définit vos objectifs.
- Qui planifie le travail.
- Qui choisit les stratégies à mettre en œuvre.
- Qui mesure et contrôle l'avancement des travaux et assure le progrès.
- Qui corrige les erreurs et modifie le tir en cas de besoin.

Toutes ces activités, c'est à vous de les exécuter en toute responsabilité, autonomie et liberté.

Et pour pouvoir réaliser toutes ces activités, vous devez développer **votre autodiscipline** vis-à-vis de vous-même et de vos objectifs.

En fait, **vous êtes en même temps le PDG et l'exécutant** !

Si vous ne faites pas votre travail ou vous ne le faites pas correctement, personne n'y serait responsable. Et personne, à part vous, ne subirait les mauvaises conséquences.

Et sachez qu'il est tout à fait normal de perdre, de temps en temps, un peu de motivation.

Toutefois, votre enthousiasme doit demeurer fort la plupart du temps. Ainsi, à certains moments vous aurez l'impression que vous faisiez du sur-place, de tourner au rond.

Ce sont des moments pénibles mais passagers. L'essentiel est de garder le cap sur vos objectifs. L'important est de préserver votre autodiscipline et votre détermination.

En fait, la richesse est attirée par les personnes audacieuses et persévérantes qui agissent malgré les différents défis, obstacles et problèmes rencontrés sur leur chemin.

Donc, l'important est la capacité de se remettre le plus rapidement possible sur la trajectoire de vos projets chaque fois que vous vous en déviez.

Dans ce sens, **Samuel Johnson** dit : « *Les grands travaux ne sont pas réalisés par la force, mais à force de persévérance.* »

Rappelez-vous aussi que ce qui distinguent les gagnants des autres, c'est qu'ils accomplissent ce qu'ils n'ont pas envie de faire afin de ne pas rater leurs objectifs.

Soyez plus fort que vos problèmes !

Prenez aussi en considération les éléments suivants :

• **Soyez régulier** ! Motivez-vous constamment et agissez quotidiennement !

• **Soyez plus forts que vos problèmes** ! Vous allez sûrement rencontrer des moments difficiles. Sachez alors que

« Le bon bois ne pousse pas dans la facilité, plus le vent souffle fort, plus l'arbre est robuste ».

• **N'abandonnez jamais !** « *N'acceptez jamais la défaite, vous êtes peut-être à un pas de la réussite* » dit **Jack E. Addington**

• **Soyez patient !** Donnez le temps au temps. Car, il y a toujours un décalage entre le temps de la semence et le moment de la récolte.

VOTRE TROISIÈME REDOUTABLE ARME:

L'effet cumulé

De grands accomplissements ont souvent pris naissance
par de grands sacrifices, et ce n'est jamais le résultat de l'égoïsme.
- Napoleon Hill

Voyez grand et avancez à petits pas !

Une autre condition nécessaire à votre liberté financière, c'est **l'action soutenue**. C'est-à-dire, de faire en sorte que le principe de **l'effet cumulé** fonctionne.

En effet, **le secret des grandes réussites c'est l'accumulation dans le temps des petites actions quotidiennes**. Ce sont **des petits pas** qui vous rapprochent, chaque jour, davantage de votre objectif.

Car, rappelez-vous que le succès ne peut être atteint d'un seul coup. Il ne peut ainsi être atteint sans **l'audace**, sans la **détermination** et sans la **persévérance**.

Et sachez que ce qui semble impossible à court terme devient très possible à long terme. Car, avec chaque pas que vous avancez, vous découvrirez une autre partie du chemin. Et en vous familiarisant avec le nouveau paysage entourant, le pas suivant devient aussi normal que spontané.

Ainsi, pour vous mettre sur le chemin qui mène à la liberté financière, vous devrez alors vous engager le plutôt possible dans **des actions concrètes et régulières aussi petites**

soient-elles.

Et ce n'est qu'à partir de ce moment que la magie de l'engagement et de l'effet cumulé se met à opérer. Dans ce sens, **Jim Rohn** dit : *"Tout effort discipliné offre une récompense multiple."*

Prenez aussi en considération les éléments suivants :

· **Soutenez l'effet cumulé** ! Le secret n'est pas nécessairement de faire des choses extraordinaires, mais plutôt de **faire indispensablement des choses simples de manière constante**.

· **Soyez branché constamment à vos objectifs** ! Faire quelque chose chaque jour. Peu importe que ces actions soient petites ou grandes. **L'important, c'est la régularité**. Cela vous laisserait connecté à vos objectifs et vous donnerait tout le temps de nouvelles idées utiles pour votre projet.

· **N'arrêtez pas de progresser** ! Ne craignez pas de progresser lentement, mais craignez surtout de ne plus avancer. **Mère Térésa** dit : *"On ne peut rien faire de grand. On peut juste faire de petites choses avec beaucoup d'amour"*

VOTRE QUATRIÈME REDOUTABLE ARME :

Être reconnaissant à vos échecs !

« Le succès représente 1% de votre travail qui comporte, lui, 99% de ce qu'on peut appeler échec »
- Soichiro Honda

Soyez reconnaissant à vos échecs

versliberteglobale.com

Réconciliez-vous avec vos échecs !

Souvenez-vous que les échecs et les erreurs sont des pas intermédiaires nécessaires au succès.

Dans mon parcours professionnel et personnel, j'ai commis beaucoup d'erreurs. J'ai récolté pas mal d'échecs. Et j'en suis très reconnaissant !

- J'ai lancé des offres que je n'ai pas arrivé à vendre.

- Dans mon début dans le domaine d'entreprenariat, j'ai créé trois entreprises dans trois domaines différents mais, qui n'ont apporté aucun résultat concret. Je les ai tout simplement délaissées. Et j'ai passé à autre choses.

- J'ai prêté des sommes d'argents à des personnes dans lesquelles je faisais confiance et qui m'ont vraiment déçu par leur malhonnêteté.

- Je me suis associé à des personnes que je considérais bien mais qui m'ont poignardé dans le dos.

Je ne critique plus ces personnes. Je ne regrette pas ces expériences. Je ne me blâme pas parce que je n'étais pas assez méfiant ou parce que j'étais un peu naïf. Avec un peu de recul, je découvert que j'ai appris des leçons décisives de ces différentes expériences.

Ces leçons me servent toujours dans la vie. Et je sais que chaque apprentissage a inévitablement un coût. L'important est de ne pas commettre la même erreur deux fois.

Ce qui est mieux encore, c'est de savoir tirer les enseignements pour le futur. Ce sont les leçons qui transforment ces échecs en actifs pour vos futurs projets.

Bill Gates dit avec raison : « *C'est bien de célébrer ses succès, mais il est plus important de tirer les leçons de ses échecs* ».

Pas d'erreurs signifie tout simplement pas de progrès et par conséquent pas de réussite !

Rappelez-vous que tous ceux qui ont réussi ont connu de nombreux moments difficiles. Ils ont collecté pas mal d'échecs avant de savourer le succès.

Il est rare de réaliser de grandes réussites sans, auparavant, collecter plusieurs échecs cuisants. Lisez les biographies des célébrités dans toute l'histoire humaine.

Vous allez vous rendre compte d'une évidence immuable. Toutes ces fameuses personnes ont connu des durs moments. Elles ont rencontré de nombreux déboires dans leur parcours vers la réussite.

Car, les gens qui réussissent sont des individus qui se permettent de prendre plus de risques. Ce sont des individus qui ont le courage de suivre des sentiers jamais empruntés avant eux.

Bref, ce sont des individus qui aiment s'aventurer dans ce qui est inconnu et que la plupart d'autres gens évitent à tout prix !

Ce sont les personnes à succès qui connaissent le plus d'échecs en terme quantitatif. Mais, l'atout qui les distingue des autres, **c'est leur capacité à transformer ces échecs provisoires en succès définitif**.

Les autres individus ordinaires ne connaissent pas tant d'échec que les personnes à succès et pourtant ils ne réalisent aucune réussite.

Pourquoi ?

La réponse est toute simple. Les individus ordinaires ont choisi de ne pas prendre de risques ou de ne pas faire des efforts constants. Ils n'ont pas assez d'audace pour transformer leurs échecs en réussite. Ils ont plutôt préféré de stagner dans leurs échecs et dans leur zone de sécurité.

Dans des situations difficiles, les gagnants savent également résister à la tentation d'abandonner leurs projets pour des récompenses immédiates.

Au lieu de cela, ils adoptent une attitude courageuse et constructive qui les pousse à aller de l'avant.

Les esprits gagnants considèrent que dans toute situation aussi pénible soit-elle, il y a des opportunités cachées. Ils savent poser les bonnes questions pour déceler les bons côtés de toute situation afin de la transformer en leur faveur.

Ceux, par contre, qui posent de mauvaises questions, n'obtiendraient que de mauvaises réponses. **Socrate** dit : « *les gens qu'on interroge, pourvu qu'on les interroge bien, trouvent en eux-mêmes les bonnes réponses.* »

Dites-moi de quel type sont vos questions, je vous dirai qui êtes-vous !

Quels types de questions posez-vous ?

Des questions des perdants ou des questions des gagnants ?

J'espère pour vous que ce soit le deuxième cas !

Sinon, c'est l'occasion de revoir la nature des questions que vous posez d'habitude et d'apprendre à les remplacer par des questions gagnantes.

En fait, les gagnants évitent à tout prix les questions qui ne font que renforcer l'esprit de victime et par conséquent ne font qu'éterniser les problèmes.

Voici quelques exemples de questions positives qui ouvrent des perspectives à des solutions et à des progrès :

• Comment devrais-je réagir pour transformer cette situation à mon avantage ?

• Que dois-entreprendre immédiatement afin de résoudre le problème ou pour au moins minimiser les dégâts ?

• Quels sont les opportunités cachées dans cette situation ?

• Suis-je en train de m'enfuir vers mes habitudes défaitistes, vers ma zone de confort ?

- Suis-je en train de fuir la réalisation de mes objectifs lointains pour aller vers des gratifications immédiates ?

- Que dois-je améliorer et que dois-je apprendre pour être plus efficace et plus fort ?

- Quelles leçons utiles dois-je tirer de cette situation pour mes prochaines actions ?

- Que dois-je faire la prochaine fois pour éviter ce genre de problème ? Etc.

Les échecs et les erreurs sont des choses normales dans la vie. Mieux encore, elles font partie intégrante du processus d'apprentissage et de succès.

Autrement dit, pas d'échecs et pas d'erreurs, signifie tout simplement que vous n'apprenez plus rien et que vous ne progressez point. Même pas un petit chouia !

Par conséquent, PAS DE RESULTATS POSITIFS !

Questions :

Parmi ces 4 redoutables armes, quelle est celle dont vous avez le plus besoin d'aide ?

1. Est-ce la capacité **de passer facilement à l'action ?**

2. Est-ce **d'être persévérant dans ce que vous entreprenez ?**

3. Est-ce **d'être autodiscipline** et de faire chaque jour des actions intelligentes vers votre liberté financière ?

4. Est-ce **d'accepter vos erreurs et échecs** et de les transformer en tremplins vers davantage de progrès ?

PARTIE III : COMMENT VOUS LIBÉRER DU SYSTÈME SALARIAL

PARTIE 3.1: LA FIN DE L'EMPLOI A' L'ERE DIGITALE

Dans cette première partie, nous allons étudier les points suivants :

❖ Pourquoi le monde de l'emploi ne sera jamais comme avant. Quels sont les grands changements irréversibles.

❖ Pourquoi vous avez, aujourd'hui, d'extraordinaires opportunités pour prendre un nouveau départ dans votre vie privée et professionnelle.

❖ Quelles sont les principales limites du modèle salarial.

❖ Pourquoi et comment vous devez arrêter de vendre votre précieux temps.

❖ Qu'est-ce que vous devrez faire si vous n'êtes plus satisfait de votre emploi actuel.

❖ Comment préparer dès aujourd'hui le chemin de votre liberté financière !

AIMEREZ-VOUS PRENDRE UN NOUVEAU DÉPART DANS VOTRE VIE ?

« Rien ne sera comme avant l'INTERNET ! »
- **Jamil Chah**

Un contexte exceptionnel pour vous lancer en affaire

Avant d'entrer dans le vif du sujet, je vous invite à répondre d'abord aux questions suivantes :

Aimerez-vous prendre
un nouveau départ dans votre vie ?

- Aimerez-vous vraiment sortir de votre situation salariale et devenir libre dans votre aventure professionnelle ?

- Voulez-vous réellement changer votre mentalité d'employé pour devenir entrepreneur à succès ?

- Désirez-vous devenir votre propre patron et avoir votre propre affaire ?

- Êtes-vous décidé à rester ouvert aux nouvelles idées et aux nouvelles manières de penser et de travailler ?

- Aimerez-vous, vous aussi, aider les autres avec vos propres solutions et avec votre expertise ?

- Aimerez-vous être libre, travailler à temps choisi et à partir de chez vous ?

- Rêvez-vous atteindre la liberté financière afin de vivre pleinement votre vie ?

Si oui, alors préparez dès aujourd'hui le chemin de votre liberté financière !

Car, vous êtes le seul responsable de ce qui se passe dans votre vie.

Et pour apprendre à contrôler le cours de votre vie, il faut adopter une **démarche volontariste**.

C'est-à-dire, vous devez agir toujours en partant de votre monde interne vers le monde externe et non le contraire.

Et Faites de bons choix !

Il faut également souligner que pour que cette démarche volontariste soit efficace, vous devez respecter **les trois étapes fondamentales** suivantes :

1. D'abord, **désapprendre** toutes les choses négatives et bloquantes que vous avez entretenues à l'égard de l'argent. Dans ce sens, il faut faire le nettoyage en laissant tomber tous vos à-priori négatifs concernant la richesse. Vous devrez ainsi vous débarrasser de toutes les croyances limitantes et habitudes paralysantes que vous avez conservé jusqu'à ce jour au sujet de l'argent et de la richesse.

2. Puis, **apprendre** à bâtir et cultiver de nouvelles relations saines, positives et constructives à l'argent. Et durant ce processus d'apprentissage, vous allez aussi découvrir, reconsidérer et développer vos véritables capacités et potentialités quant au domaine des finances et de l'enrichissement.

3. Ensuite, vous aller faire en sorte d'**acquérir** les stratégies, les méthodes et les techniques et gagnantes selon le domaine d'affaire dans lequel vous auriez choisi d'opérer.

L'esprit de salarié, un frein majeur à la liberté financière !

J'aime bien souligner que ce livre a pour objectif principal de vous aider dans la 1ère et la 2ème étape de ce processus de changement volontaire.

Car, ces deux premières phases de « **désapprentissage** » et « **d'apprentissage** » sont primordiales et indispensables dans votre projet de la liberté financière.

Autrement dit, si vous n'arriverez pas à franchir ces deux premières étapes, vous auriez beaucoup du mal à réussir les autres étapes du processus.

D'autre part, un des principaux conditionnements qui bloque pas mal de gens d'aller vers leur liberté financière est la **culture de salariat**.

Par conséquent, vous ne pouvez déclencher un vrai changement dans votre vie que si vous réussissez à chasser d'abord les différentes croyances négatives issues de ce conditionnement.

Vous devez alors vous libérer notamment des fortes croyances suivantes qui sont les plus enracinées dans la mentalité des employés :

a) Je n'ai pas de véritables valeurs à offrir aux autres.

b) Il n'y a qu'une façon pour moi de gagner ma vie : l'emploi.

c)   Il n'y a pas de vraies opportunités en dehors de ma zone de sécurité.

d) Il n'y a que peu de places pour être riche.

e) La richesse est réservée à une minorité bien spécifique de la population.

f) Il n'y a pas de véritables opportunités alternatives en dehors du système salarial.

g) Il me faut beaucoup d'argent et de moyens pour atteindre la liberté financière.

h) Je n'ai pas les formations et les compétences appropriées.

i) Je n'ai pas des relations nécessaires…

Toutes ces croyances sont des illusions que le salarié a accumulées le long de sa formation traditionnelle et le long de son parcours professionnel.

Et il est grand temps de faire face à ce conditionnement salarial paralysant.

Pour ce faire, je pense qu'il est d'abord nécessaire d'élucider les trois points suivants :

1. Pourquoi vous devez arrêter de vendre votre précieux temps ?

2. Quels sont les principales limites et contraintes du système salarial ?

3. Puis, comment transiter de la mentalité d'un salarié vers l'esprit d'un entrepreneur à succès ?

Les réponses à ces trois questions seront développées dans les prochaines pages de ce livre.

POURQUOI VOUS DEVEZ ARRÊTER DE VENDRE VOTRE PRÉCIEUX TEMPS ?

« Si vous travaillez dur en tant que salarié,
vous travaillerez dur toute votre vie.
Si vous travaillez pour bâtir votre propre système,
vous aurez une chance de trouver la liberté financière. » -R. Kiyosaki

Les Limites du modèle salarial

Nous avons vu, dans le chapitre précédent, que le conditionnement salarial représente, pour un nombre important de gens, le frein majeur à leur liberté financière.

Est-ce le cas pour vous aussi ?

Si c'est le cas, alors il est fort probable que votre cœur, votre âme et votre esprit aspirent à quelque chose de plus important.

Mais, que votre situation salariale actuelle vous empêche d'avancer vers cette chose afin de l'obtenir et de vivre la vie que vous désirez.

Il est également très probable que votre cœur, votre âme et votre esprit aspirent à ce que vous contribuez, vous aussi, à bâtir un monde meilleur pour vous, pour vos proches et pour la société.

Mais, votre situation actuelle de salarié vous prive de moyens qui puissent vous permettre d'aller vers vos rêves et vos aspirations.

C'est pourquoi je pense qu'il est grand temps de reconsidérer sérieusement votre condition du salarié d'aujourd'hui.

Le but est, bien sûr, de tracer votre propre chemin d'entrepreneur libre et à succès.

Et la première chose que je vous propose de faire, c'est d'abord d'analyser quelles sont aujourd'hui les nombreuses contraintes du système salarial.

Cette analyse vous permettra de dégager les principales raisons valables pour ne plus rester dans cette situation d'employé.

J'espère que le résultat de cette analyse vous donnera également plus de motivation afin de commencer à développer votre esprit d'entrepreneur à succès.

Êtes-vous prêt ?

Alors allons-y !

Quel est le modèle de votre travail actuel ?

Vous êtes d'accord avec moi que dans le monde moderne, la majorité des gens passent plus de la moitié de leur temps dans le travail professionnel.

En fait, le travail professionnel est une composante essentielle de notre vie quotidienne.

Mais, reste à se demander ce que nous assure ce travail qui occupe la moitié du temps de notre existence.

Nous procure-t-il plus de joie, de liberté, de satisfaction, de progrès ?

Contribue-t-il à améliorer notre vie privée, familiale et sociale ?

Nous facilité-t-il de réaliser nos différentes aspirations et nos ambitions qui nous sont chères ?

Ou, au contraire ne fait-il que nous éloigner de tout ce qui est adorable et important pour nous ?

Permettez-moi de vous poser également ces quelques questions :

➢ Quel est le modèle de votre travail actuel ?

➢ Considérez-vous que votre emploi actuel est sécurisé et stable pour toujours ?

➢ Preniez-vous les vacances quand vous désiriez, à n'importe quelle période de l'année ?

➢ Dans votre situation actuelle, si vous arrêtez de travailler, continueriez-vous à recevoir des revenus ?

➢ Dans votre emploi actuel, pouvez-vous choisir les horaires et le lieu du travail ?

➢ Pouvez-vous travailler à partir de chez vous sans faire le trajet quotidien : dodo-métro-boulot ?

➢ Avez-vous le droit de choisir les personnes avec qui faire équipe dans le travail ?

➢ D'habitude, détestez-vous les dimanches soir et les lundis matin ?

➢ Quelle est la différence entre ces deux sentiments ? Et quelle en est la raison ?

➢ Votre travail actuel vous assure-t-il assez de temps libre pour votre famille, vos amis, vos loisirs ?

➢ Est-ce que votre travail actuel est le genre du travail dont vous aviez rêvé lorsque vous étiez encore étudiant (e) ?

➢ Les sources de vos revenus actuels vous permettent-ils d'atteindre la liberté financière ?

➢ Bref, dans votre travail actuel, vous sentiez-vous libre, prospère et heureux ?

Si vous êtes actuellement un salarié, alors il est très probable que la majorité de vos réponses à ces questions est : **NON** !

Considérez maintenant ces autres questions :

➢ Est-ce que vous redoutez chaque matin votre alarme de réveil ?

➢ Est-ce que vous regardez la montre tout le temps le long de votre journée du travail ?

➢ Au travail, vous sentez-vous tout le temps pris au piège, démotivé, ennuyé et vide d'énergie ?

➢ Vous ne trouvez aucune passion et nullement de l'intérêt à ce que vous exécutez dans votre travail ?

➢ Vous vous limitez à exécuter, tout court, les instructions qu'on vous attribue et vous ne prenez que très rarement de vraies initiatives ?

➢ Est-ce que la seule chose qui vous donne du plaisir dans votre travail, c'est de rencontrer vos copains ?

➢ Est-ce que votre meilleure partie de la journée est le moment de déjeuner ?

➢ Et attendez-vous avec impatience les vendredis après-midi ?

➢ Quand vous êtes en congé, éprouvez-vous de la frustration, de l'anxiété et de l'irritation quand vous pensez à votre travail ?

Cette fois-ci, vous avez sans doute répondu par **OUI** à ces dernières questions !

Si vous avez répondu par NON au premier groupe de question et par OUI aux questions du second groupe, alors ce sont là des signes, des indicateurs avant-coureurs que cela risque d'affecter sérieusement les autres dimensions de votre vie.

Il s'agit, en fait, des signaux alarmants que vous devez prendre absolument aux sérieux.

Autrement dit, vous devez changer le plutôt possible votre condition.

Car, rester longtemps dans cette situation n'aura que des conséquences néfastes non seulement sur votre santé, mais aussi sur tous les autres aspects de votre vie.

Notamment, sur toutes vos relations familiales et sociales.

Et peut-être même que ces questions vous ont mis mal à l'aise.

Si c'est le cas, alors je vous assure que ce n'était pas mon intention.

Loin de là !

Par contre, mon intention le long de ce livre est de vous aider à sortir de votre coquille. Ne serait-ce que pour quelques instants pour envisager d'autres possibilités d'affaire.

Aussi, mon intention est de créer dans votre vie une dynamique positive. En commençant par le changement de vos pensées et vos croyances qui vous empêchent d'envisager d'autres alternatives professionnelles autre que le salariat.

Car, cette dynamique, une fois déclenchée, vous permettrait de voir de façon objective votre situation actuelle.

Mais, surtout elle vous permettrait d'entrevoir des changements significatifs afin d'aller vers une situation bien meilleure.

Mais, soyons sage et faisons les choses dans

le bon ordre.

En fait, avant de changer quoi que ce soit, nous devons d'abord analyser les limites du modèle salarial.

Commençons par souligner qu'à l'heure de la mondialisation, beaucoup de choses ont radicalement changé dans le monde du travail.

Et la majorité de ces changements sont malheureusement défavorables au modèle salarial. Et ils lui seront encore pire dans l'avenir.

Dans le prochain chapitre, nous aborderons les impacts majeurs de cette mondialisation sur la situation des salariés afin de voir comment les tourner à notre avantage.

Points du chapitre à retenir :

❖ **Quoi** : Arrêtez de vendre votre précieux temps !

❖ **Pourquoi** : Parce que les temps ont changé. Et désormais, ce mode de travail est le plus fragile et ne vous conduira jamais à votre liberté financière et ne répondra plus à vos aspirations. D'autre part, parce qu'il existe d'autres alternatives plus prometteuses.

❖ **Comment** : Soyons sage et faisons les choses dans le bon ordre. Et continuez votre lecture jusqu'à la fin !

POURQUOI LE MONDE DE L'EMPLOI NE SERA JAMAIS COMME AVANT ?

"Le futur appartient à ceux qui voient les possibilités avant qu'elles ne deviennent évidentes." - Theodore LEVITT

Pourquoi le monde de l'emploi ne sera jamais comme avant ?

VERSLIBERTEGLOBALE.COM

L'humanité est en train de vivre une période exceptionnelle de son histoire

Il faut noter que dans les décennies précédentes, le modèle de réussite au niveau individuel se résumait dans : bien s'instruire afin d'obtenir un bon diplôme qui permettait d'accéder à un emploi dans des administrations de l'Etat ou dans le secteur privé.

Car, en générale, cet emploi était stable, sécurisé et durait toute la vie active de l'individu.

Aussi, la pension de la retraite était très souvent garantie et assurait au salarié de mener tranquillement ses dernières années et même de vivre une vie assez décente.

Et c'est pour cela que la majorité écrasante des parents s'efforçaient d'aider leurs enfants à obtenir de bonnes notes dans leurs études afin de décrocher un diplôme reconnu menant à un emploi sûr et stable.

Pourtant, ce modèle économique, qui était un gage de réussite, n'est plus de mise aujourd'hui.

En effet, plusieurs changements sont en train de bouleverser le monde des affaires et influencent directement l'emploi des gens et leurs conditions du travail.

Robert Kiyosaki, un gourou mondial de la liberté financière, confirme que :

« *Aujourd'hui, le conseil le plus redoutable que vous pouvez donner à un enfant est celui-ci : Fréquente l'école, obtiens de bonnes notes et trouve-toi un emploi sûr et stable* »

Pour nuancer un peu cette confirmation, j'ajouterais que ce qui est redoutable, c'est de conseiller à un enfant de devenir salarié et de le rester toute sa vie.

Mais, il n'est pas déconseillé d'être un salarié passager, surtout au début de sa carrière professionnelle.

En fait, aujourd'hui, le but de cette phase salariale devrait être l'acquisition d'assez d'expériences pour pouvoir monter efficacement sa propre affaire.

Le problème ne réside pas ainsi dans le fait d'être salarié, mais de le rester durant toute sa vie active ou durant une durée trop longue.

Les deux grands changements

Il faut noter en particulier deux changements majeurs qui impactent profondément la société, l'économie, les organisations et les individus.

Il s'agit de l'expansion de la **mondialisation** et de l'avènement de la **société de l'information et du savoir**.

A mon avis, il est très utile de prendre conscience des principaux effets de ces deux radicaux changements sur notre vie en tant que société et en tant qu'individus.

Qu'est-ce que la mondialisation a changé au monde du travail ?

De prime abord, soulignons que la compétition sur les marchés d'emploi est devenue désormais internationale.

En effet, il faut noter que la généralisation de l'économie du marché sur toute la planète a entraîné de grands changements :

- Davantage d'ouverture des frontières.
- Déréglementations et privatisation de plusieurs secteurs économiques.
- Baisse ou élimination des taxes douanières.
- La migration et délocalisation permanente des activités économiques d'une région à une autre en recherchant les « meilleures facilités » aux capitaux et aux investissements.
- La compétition croissante entre des pays émergents pour attirer les investissements étrangers.

Tous ces phénomènes ont contribué à l'avènement d'une économie globale et mondialisée.

Dans ce contexte, les flux financiers circulent avec une liberté sans précédent et pratiquement indépendamment des frontières des pays et de leurs politiques locales.

Et les entreprises opèrent désormais au niveau international poussées par la recherche de meilleures opportunités et conditions d'investissement.

La délocalisation des activités d'affaire est devenue ainsi chose courante.

Des entreprises ferment leurs portes dans un pays pour apparaître dans un autre pays offrant des conditions « plus favorables » aux investissements.

Parmi les avantages les plus recherchés, c'est de migrer là où la main d'œuvre est moins coûteuse.

D'autre part, depuis que la Russie, la Chine et l'Inde ont adopté l'économie du marché, des milliards d'employés potentiels sont mis à la disposition du marché mondiale d'emploi.

Par conséquent, la concurrence sur les emplois s'est encore intensifiée.

Cette concurrence acharnée a rendu le salariat, le mode du travail le plus fragile et le plus risqué de tout.

En effet, de nos jours, la perte d'emploi est chose très courante parce que les entreprises migrent, chaque fois, là où elles trouvent d'autres marchés d'emploi qui garantissent des travailleurs moins chers.

Alors si, aujourd'hui, un bon emploi est difficile à trouver et à garder, qu'en serait-il dans 5 ou 10 ans ?

Quel est l'impact de l'avènement de la société de l'information sur l'emploi

De surcroît, la nouvelle révolution numérique arrive avec son effet à double tranchant :

- **Pour les salariés** : de plus en plus de tâches seront assurées par les ordinateurs et les machines. Par conséquent, de plus en plus d'emploi seront perdus.

- **Pour les entrepreneurs** : d'excellentes opportunités et de facilités dans le monde libre des affaires se créent chaque jour.

En conséquence à tout cela, il est plus intelligent d'être pro-actif et de commencer à reconsidérer, dès aujourd'hui, sa situation de salarié.

Mais, comme je l'ai déjà dit dans le chapitre précédent, soyons sage et faisons les choses dans le bon ordre !

Dans ce sens, il serait plus judicieux de voir d'abord de plus près quelles sont les autres principales raisons valables pour ne plus rester salarié.

C'est l'objet des prochains chapitres.

Points à retenir :

- **Quoi** : Le monde de l'emploi ne sera jamais comme avant ! On peut même dire, qu'à l'ère digitale, c'est la fin du modèle classique d'emploi.

- **Pourquoi** : Parce qu'on est entré dans une nouvelle ère qui apporte avec elle beaucoup de changements. Et, en général, ces changements sont irréversibles et défavorables au modèle salarial.

- En fait, l'emploi est devenu le mode de travail le plus fragile. Il est aussi le dernier qui puisse répondre à vos aspirations dans la nouvelle ère digitale.

- **Comment** : Se préparer pour prendre des changements volontaristes en commençant par prendre conscience des :

  - Nombreuses limites et contraintes du modèle salarial ;
  - Nouvelles alternatives d'affaire plus prometteuses et libératrices.

ÊTES-VOUS SATISFAIT DE VOTRE EMPLOI ACTUEL ?

"Choisissez un travail que vous aimez et vous n'aurez pas à travailler un seul jour de votre vie."
- Confucius

Il faut souligner que les bonnes raisons pour ne plus rester salarié, sont si nombreuses et variées.

Mais, dans ce livre, je ne vais m'arrêter qu'aux raisons vraiment essentielles.

Au total, je vous ai identifié **12 raisons valables principales**.

J'espère qu'après avoir lu ces 12 raisons, vous serez plus éclairé pour prendre les décisions appropriées au regard de votre avenir professionnel.

D'autre part, il est aussi possible que vous aimez bien votre travail actuel de salarié.

Si c'est vraiment le cas, alors tant mieux pour vous !

Et je ne peux que vous souhaiter plein succès !

La suite de ce livre n'est peut-être pas pour vous !

Par contre, si :

• Vous êtes comme la majorité de gens qui ne sont pas satisfaits dans leur situation d'employé.

- Vous êtes conscient des mutations radicales et inévitables qui sont en train de transformer le monde des affaires et de l'emploi.

- Vous décidez d'anticiper les changements dans votre vie professionnelle au lieu de les subir passivement.

- Vous désirez devenir l'acteur à 100 % de votre vie professionnelle.

- Vous êtes déterminé à faire des choix qui sont en accord avec vos propres aspirations et à déclencher les changements nécessaires pour les concrétiser.

Alors, vous êtes au bon endroit !

Mais attention, je ne vous recommande pas de quitter votre travail de salarié du jour au lendemain !

Ce que, par contre, je vous recommande, c'est de commencer dès maintenant à étudier sérieusement des modes du travail et de vie différents.

Notamment un mode de vie dans lequel vous auriez à la fois de l'indépendance financière et assez de temps libre pour vivre pleinement votre vie.

Les 5 pas préliminaires du processus d'un changement voulu

D'autre part, vous ne pouvez déclencher un vrai changement dans votre vie professionnelle que si vous réussissez à accomplir le processus suivant :

1. Prendre véritablement consciences des limites et contraintes du modèle d'affaire qui se basent sur l'échange de votre temps contre de l'argent et notamment le modèle salarial ;

2. Identifier clairement vos principales raisons pour ne plus échanger votre précieux temps contre de l'argent ;

3. Prendre connaissances des autres alternatives et possibilités professionnelles qui sont plus prometteuses et plus libératrices.

4. Identifier une de vos passions que vous pouvez transformer en activité professionnelle.

5. Passer à l'action en travaillant à temps partiel (sans quitter votre emploi actuel) sur votre affaire basée sur la passion que vous avez choisie dans le point n°4.

   • Commencer, par exemple, à collecter tout ce que vous pouvez trouver sur le domaine de votre passion et sur les acteurs déjà actifs dans ce domaine.

   • Cela vous donnera des idées assez claires sur ce que vous deviez faire par la suite.

   • De cette façon, vous vous imprégnerez progressivement dans l'univers des affaires.

   • Mieux encore, vous allez découvrir qu'effectivement il est très possible de réussir, vous aussi, en ce domaine !

   • Sinon, choisissez un autre couple passion-domaine d'affaire et refaites les actions du point n°5 du processus.

Points à retenir :

➤ **Quoi** : inventorier les principales raisons valables pour ne plus vendre votre précieux temps contre de l'argent.

➤ **Pourquoi** : pour prendre votre vie professionnelle et privée en main.

➤ **Comment** : commencer à planifier la construction de

votre propre affaire :

- Commencez à regarder autour de vous afin d'identifier les types d'affaires qui marchent le mieux.
- Soyez ouvert d'esprit, optimiste et sage.
- Essayer d'envisager votre avenir avec le domaine d'affaire que vous sentez qu'il vous convient le mieux.
- Le meilleur choix est de transformer une de vos passions en un projet porteur d'affaire.
- Une fois votre couple passion-domaine déterminé, restez alors concentré sur votre projet et faites chaque jour un petit pas en avant.

La prochaine partie portera directement sur l'élucidation des 12 raisons principales pour arrêter de vendre votre temps.

PARTIE 3.2: LES 12 BONNES RAISONS POUR NE PLUS VENDRE
VOTRE PRECIEUX TEMPS

Dans cette deuxième partie, nous passerons en revue les 12 principales raisons pour commencer à vous libérer des limites du système salarial.

Ainsi, en lisant cette partie, vous serez capable de répondre clairement aux questions suivantes :

❖ Pourquoi le temps est beaucoup plus important que l'argent ? Pourquoi, le « Time is not money » !

❖ Pourquoi le salarié est réduit à une main et à une tête d'œuvres qui exécutent les instructions des autres ?

❖ Si vous êtes viré, est-ce un malheur ou une chance ?

❖ Qui est le grand voleur de votre argent ?

❖ Pourquoi la vie du salarié n'est plus équilibrée ?

❖ Qui est l'esclave des temps modernes ?

❖ Désirez-vous explorer d'autres horizons plus cléments ?

❖ Comment envisagez-vous votre vie dans 5 ans ?

❖ Que choisir : la sécurité financière ou la liberté financière ?

❖ Quel est le point commun entre l'employé et la roue d'hamster ?

❖ Bénéficiez-vous des revenus passifs ?

❖ Pourquoi le système salarial ne vous permet pas de croissance personnelle ?

❖ Quelles sont les 37 principales limites du modèle salarial ?

TIME IS NOT MONEY !

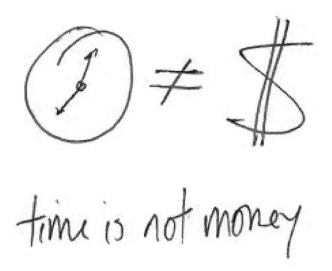

Raison n°1 : C'est la pire façon de gagner de l'argent

Permettez-moi de vous poser la question suivante :

Connaissez-vous des personnes qui sont devenues riches en travaillant pour d'autres ?

De mon côté, j'en connais très peu.

Et je connais beaucoup moins encore de personnes qui ont atteint la liberté financière à l'aide de leur emploi.

Et êtes-vous d'accord avec moi que pour gagner sa vie, tout le monde vend quelque chose.

Si vous n'êtes pas convaincu, alors il suffit de considérer les cinq principales catégories professionnelles et voir ce que vend chacune d'elles :

1. **Le commerçant** revend de la marchandise.

2. **Le propriétaire d'entreprise** vend des produits et services.

3. **Le professionnel libéral** vende des services.

4. **L'infopreneur** vend des informations, des formations, des expertises et des conseils.

5. Quant au **salarié**, il vend tout simplement son temps !

Avez-vous remarqué que dans cette dernière manière (n °5), le salarié vend la chose la plus chère et la plus rare dans la vie !

Il vend tout simplement une partie de son existence !

Je ne suis pas d'accord avec : " Time is money"

En fait, le temps, c'est plus que de l'argent, car, c'est la vie elle-même !

Et dans le salariat, il s'agit bien d'échanger une partie de sa vie (temps) contre de l'argent !

C'est pour cela que le salariat est la pire façon de gagner sa vie.

Et c'est également la meilleure manière de gâcher sa vie si on reste salarié durant toute sa vie active !

D'autre part, il est impossible à un salarié d'atteindre la liberté financière. Même s'il travaille toute la journée, 7/7 jours et sans jamais prendre de vacances !

Et ceci pour une simple raison : il ne dispose que de 24 H par jour.

Et **le temps** est la ressource qu'on n'arrive jamais à stocker ou à faire croître !

Même s'il fait des heures supplémentaires, le salarié ne fait que ventre encore plus de son temps contre de l'argent sans pour autant s'affranchir du système.

Par contre, les autres types de vendeurs (métiers) peuvent toujours trouver des moyens plus intelligents pour gagner davantage de revenus.

Prenons l'exemple du vendeur de produits ou de services. Ce dernier a, à sa disposition, plusieurs choix :

- Vendre plus pour gagner plus : en augmentant le panier par client (volume) ;

- Vendre à un plus grand nombre de personnes : en augmentant le nombre de clients ;

- Vendre ses produits et services plus cher : en leur ajoutant plus de valeur et en augmentant les prix.

Ainsi, seul le salarié qui ne cherche pas d'autres solutions professionnelles qui resterait perpétuellement piégé dans ses limitations de toutes sortes !

Points à retenir :

- **Quoi** : le modèle salarial est la pire façon de gagner des revenus

- **Pourquoi** : l'emploi est très contraignant à plusieurs titres. C'est le mode du travail qui mène le moins probablement à la liberté financière.

- **Comment** : commencer à faire, chaque jour, de véritables petits pas vers la construction de votre propre affaire.

    ◦ Réservez chaque jour un petit créneau pour travailler sur votre projet.

    ◦ Faites des recherches. Collecter des informations. Contacter des personnes ressources. Élaborer des plans d'action...

◦ Et surtout, faites chaque jour des petits pas en avant.

EST-CE QUE VOTRE PDG PREND VOTRE AVIS ?

Raison n°2 : Le salarié travaille à réaliser un rêve qui n'est pas le sien

Je ne sais pas quelle est votre activité professionnelle actuelle.

Mais, peut-être que vous faites partie de la grande majorité de gens qui ont un emploi au sein d'une organisation.

Si c'est le cas, alors vous seriez d'accord avec moi sur les faits suivants :

- Pour l'organisation dans laquelle vous travaillez, vous n'êtes qu'un facteur de production parmi d'autre.

- Vous ne détenez aucun pouvoir ni droit sur votre organisation.

- Vous n'avez pas un mot à dire quand il s'agit de ses grands choix et de ses grandes orientations.

- Dans votre activité professionnelle, en tant que salarié, vous travaillez pour réaliser les rêves de quelqu'un d'autre et jamais les vôtres.

- Pensez aussi aux réalités suivantes :

- Vous ne participez pas à fixer la mission de votre organisation ;

- Vous ne contribuez pas à l'élaboration de ses grandes décisions stratégiques ;

- Vous n'êtes pas consulté pour prendre votre avis sur ses alliances stratégiques ;

- On ne vous demande pas votre avis sur les choix concernant ses domaines d'activités ;

- Mieux encore : est-ce que vous fixez vous-même, et librement, les objectifs concernant votre travail dans l'organisation ?

- Ou, est-ce que ce sont vos supérieurs hiérarchiques qui décident, en définitif, de vos propres objectifs et des méthodes et moyens à utiliser pour les exécuter.

- Peut-être vous participez en proposant certains objectifs mais, ce sont vos supérieurs hiérarchiques qui en décident en définitif. N'est-ce pas ?

L'employé est ainsi souvent réduit à une main d'œuvre et une tête d'œuvre qui exécutent les instructions des autres !

En fait, le salarié n'est considéré, en dernière analyse, qu'en tant qu'un prolongement à une machine. C'est-à-dire, en tant qu'« **une main d'œuvre** ».

Ou, il est considéré comme une continuation à des applications informatiques. C'est-à-dire comme une tête qui analyse et exécute. Donc comme « **une tête d'œuvre** » !

Bref, vous êtes réduit à une main et à une tête d'œuvres qui exécutent les instructions des autres !

D'autre part, le salarié n'a pas le droit de mêler ses propres rêves et objectifs dans le cadre de son travail professionnel.

Mais, par contre, il doit obligatoirement, contribuer à réaliser les rêves et objectifs de quelqu'un d'autre, en l'occurrence le chef d'entreprise.

Pourquoi alors ne pas commencer dès maintenant à :

- Réfléchir sur comment s'affranchir de ce système ;

- Chercher d'autres alternatives vous permettant d'être véritablement libre afin de travailler sur vos propres objectifs et vos propres rêves.

SI VOUS ÊTES VIRÉ, EST-CE UN MALHEUR OU UNE CHANCE ?

« La richesse est la transformation d'idées en argent,
pas la transformation de temps en argent.»

Raison N°3 : Vous ne capitalisez pas sur vos efforts et sur vos expériences dans votre travail de salarié

En effet, malgré l'énorme effort consentis par les salariés. Et malgré la pénibilité des conditions dans lesquelles ils travaillent. Les salaires d'aujourd'hui n'assurent plus une vie prospère. Et moins encore une vie libre et heureuse.

Le temps où les gens croyaient que leurs rêves se réaliseraient un jour, grâce à leur travail d'employé est ainsi révolu.

Si aujourd'hui, les gens s'accrochent encore à leur emploi et se considèrent chanceux d'en avoir un, c'est tout simplement, parce qu'ils n'arrivent pas à envisager l'existence d'autres alternatives à leur condition.

D'autre part, ce que vous gagnez en retour de votre travail, en tant que salarié, est très inférieur à 100 % de sa véritable valeur.

Une grande partie de la valeur de votre travail va dans les poches des propriétaires de l'entreprise.

Alors que pour un entrepreneur ou un propriétaire d'entreprises, leur revenu est, au contraire, bien supérieur à 100 % de leur propre effort. Car tout simplement, il bénéficie aussi du retour des efforts de tous ses employés.

Par ailleurs, la valeur du patrimoine d'une entreprise croit, en général, avec le temps du fait qu'elle devient plus solide et son image de marque devient plus connue.

Autrement dit, la valeur de l'entreprise bénéficie et capitalise chaque jour sur les efforts consentis par tous les employés.

Supposons que vous travaillez pendant 10, ou 20 ou même 40 ans dans une organisation.

Cela veut dire que vous avez bien contribué avec vos efforts pendant toutes ces années à la croissance de la valeur globale de l'entreprise.

Mais vous devrez savoir une chose importante, et sûrement vous la savez déjà.

Si par malheur (ou par chance) vous êtes viré ou si vous êtes devenu inapte à continuer à travailler, vous n'aurez aucun droit, ne serait-ce que sur une infime part du patrimoine de l'organisation.

Par contraste au propriétaire d'entreprise, lui a le droit au 100 % de sa valeur capitalisée le long de ces années.

Il peut, par exemple, décider de vendre l'entreprise, à tout moment, et récolter toute la somme générée par sa valeur actualisée.

Alors, ne serait-il pas plus intelligent d'être propriétaire de son propre entreprise au lieu d'être un simple salarié ?

Ne serait-ce qu'une micro-entreprise !

QUI EST LE GRAND VOLEUR DE VOTRE ARGENT ?

Raison n°4 : Connaissez-vous vraiment qui est le grand voleur de votre argent ?

De nos jours, on se pose rarement ce type de question.

Et c'est peut-être pour cela que la majorité de gens perdent de vue le véritable grand voleur de leurs revenus.

Alors que si vous faites le calcul, vous arriverez à la constatation que presque la moitié de votre salaire part directement dans les impôts. Et la plupart des impôts se font à priori c.-à-d. à la source !

Par contre, pour les propriétaires d'entreprise, les impôts ne sont défalqués qu'à posteriori c.-à-d. qu'après avoir déduit tous leurs coûts, dépenses et charges.

Notez bien que l'entrepreneur ou le propriétaire d'entreprise, comptabilisent leurs repas, leurs déplacements, le carburant de leurs voitures etc. dans le compte des charges.

Ce mode de calcul permet à l'entrepreneur de garder la plus grande part de ses bénéfices pour lui.

À l'inverse, les employés donnent généreusement la grande part de leur salaire à l'état !

Avez-vous aussi remarqué que les salaires n'évoluent que

très lentement malgré que le niveau de vie croit rapidement !

En plus, le salaire est le plus taxé en comparaison avec les autres types de revenus.

Commencez-vous alors à envisager sérieusement un nouveau modèle d'affaire autre que d'être un salarié ?

Si vous le faites alors vous êtes sur la bonne voie !

Et n'est-il pas également préférable d'avoir un autre type de travail assurant un minimum d'équilibre entre l'argent, le temps libre, la santé et le bien-être ?

JOUISSEZ-VOUS D'UNE VIE PROSPÈRE ET ÉQUILIBRÉE ?

Raison n°5 : La vie du salarié n'est plus équilibrée

Peu importe combien vous gagnez, si vous n'avez pas assez de temps libre pour jouir de votre argent dans votre vie privée et familiale.

Et le salaire ne peut plus assurer une vie équilibrée, parce que :

- Si vous gagnez un très bon salaire, c'est en général en dépit de votre temps libre.

- Donc vous n'aurez sûrement pas assez de temps libre pour vos proches, en l'occurrence pour vos enfants, vos amis et pour les autres types de relations sociales.

- Et vous n'aurez également pas assez de temps libre pour vos loisirs et pour votre croissance personnelle.

- Si vous bénéficiez de suffisamment de temps libre (exemple : travail à temps partiel), c'est que vous ne gagnez pas assez d'argent.

- Et à quoi sert le temps libre sans la capacité matérielle pour faire ce que vous désirez.

- Est-ce qu'avec le manque d'argent vous pouvez savourer vos loisirs tels les voyages, les lectures, les arts, les sports… ?

- Je ne pense pas !

- D'autre part, très souvent, le travail salarial est très

pénible, si stressant et vraiment épuisant ! Par conséquent, et en général, les employés ne jouissent ni d'une
bonne santé ni d'un bien-être.

Avant de passer à la raison n°6, essayez de répondre hon-
nêtement aux questions suivantes :

Avec votre travail actuel, comment évaluez-vous :

- Votre accomplissement dans votre travail ?
- Votre estime de vous-même ?
- Votre situation financière ?
- Votre liberté ?
- Votre sécurité ?
- La proximité de votre emploi avec vos passions ?

QUI EST L'ESCLAVE DES TEMPS MODERNES ?

Raison n°6 : Le salariat est l'équivalent de l'esclavage moderne

C'est un peu choquante cette 6ème raison, n'est-ce pas ?

Mais ne reflète-t-elle pas fidèlement la véritable condition de l'employé d'aujourd'hui. ?

Et que choisirez-vous :

- Dire la réalité des choses aussi choquante soit-elle ?

- Ou, l'ignorer en se privant ainsi de la possibilité de la changer. Surtout, qu'aujourd'hui, les alternatives ne manquent pas ?

Par ailleurs, on peut considérer que le salariat est l'équivalent de l'esclavage moderne et ceci à plusieurs titres.

En fait, cet esclavage moderne est caractérisé par de nombreuses limites et contraintes et en particulier les suivantes :

a. **La dominance de la culture d'obéissance à la hiérarchie** et de la discipline au règlement imposé par l'organisation.

b. **Les contraintes des horaires** : c'est-à-dire, l'obligation de travailler un nombre fixe d'heures par jour. En général 8 h/j. L'entrée et la sortie sont aussi fixées à des heures prédéterminées par l'organisation et qu'il faut rigoureusement respecter !

c. **Les contraintes du lieu.** Il s'agit de l'obligation de se déplacer chaque jour au lieu du travail situé, en général, à des dizaines de kilomètres de chez soi.

d. **Les contraintes des objectifs qui ne sont pas les vôtres.** C'est votre supérieur hiérarchique qui, très souvent, les fixe pour vous !

e. **Vous êtes constamment contrôlé et évalué par les autres** en l'occurrence par vos supérieurs hiérarchiques.

f. Vos supérieurs hiérarchiques sont rarement satisfaits de votre travail !

g. Pire encore, il n'est pas rare d'assister au vol de vos meilleurs exploits par vos chefs immédiats.

h. **Des limitations dans le choix des périodes de vos propres vacances.** Vous ne pouvez pas prendre toujours vos vacances selon vos choix et vos priorités. Mais vous devez souvent prendre d'abord les besoins du service en compte.

i. **Contraintes relatives aux personnes avec qui travailler.** Vous ne pouvez pas choisir les gens avec qui travailler en équipe.

j. **Absence d'esprit d'initiative et d'innovation**. Dans la plupart des organisations, l'initiative et l'innovation ne sont pas les bienvenues.

k. Les salariés n'ont pas la permission de penser par eux-mêmes, de prendre de vraies initiatives et d'innover dans leur travail. Au contraire, ils doivent respecter strictement les règles préétablies et suivre rigoureusement les procédures mises en place. Faute de quoi, ils seront sanctionnés.

l. Parfois, on apprend même au salarié comment s'habiller, communiquer et se tenir.

Certainement, au fond de vous-même, vous êtes un être libre.

Mais, lorsque vous baignez chaque jour dans un système de contraintes, de contrôle, d'obéissance…

Et lorsque vous êtes entouré, tout le temps, par des personnes dépourvues de leurs véritables libertés, alors vous serez, très probablement, vous aussi, à la longue, comme eux.

Vous terminerez à devenir également privés des aspects les plus nobles de votre humanité qui sont votre liberté, intégrité, dignité et fierté.

J'aime rappeler que l'objectif de dresser ces principales limites du modèle salarial, n'est pas pour vous mettre mal à l'aise.

Au contraire, le but est pour vous inciter à commencer d'envisager sérieusement d'autres alternatives d'affaires professionnelles.

Et la bonne nouvelle, c'est qu'à l'ère digitale, ce n'est pas les possibilités qui manquent.

DÉSIREZ-VOUS EXPLORER D'AUTRES HORIZONS PLUS CLÉMENTS ?

« A celui qui voit loin, il n'est rien d'impossible.»
*- **Henry FORD***

Raison n°7 : L'employé est conditionné à rester prisonnier dans sa zone de sécurité

Savez-vous qu'il y a une grande différence entre travailler **dans** un système et travailler **sur** un système ?

En fait, **travailler dans un système** signifie être un simple employé qui travaille sous les directives des autres. Et par conséquent, qui travaille dans un système sans jamais en devenir le propriétaire.

Par contre, **travailler sur un système**, c'est de construire des systèmes qui travailleront plus tard pour vous.

Dans ce sens, il est clair que le salarié travaille dans et pour un système. Au lieu que c'est le système qui travaille pour lui.

C'est pour cela que vous entendez toujours le salarié se plaindre de ses nombreux et interminables problèmes dans son travail.

Pourtant, souvent, il ne cherche pas réellement de solutions.

Il veut juste se plaindre et critiquer les autres.

Il cherche une personne sur qui rejeter ses faiblesses.

Il essaye de trouver quelqu'un pour lui faire porter la responsabilité de la médiocrité de la situation dans laquelle il vit.

En effet, la plupart des salariés n'arrivent pas à sortir de leur misérable situation d'employé pour différentes raisons :

- Pour certains, ceci est dû à leur conditionnement qui les empêche de tenter d'expérimenter autres choses.

- Certains d'autres ne peuvent pas quitter leur cage d'esclavage car, ils ont peur de perdre leur unique source de revenu.

- D'autres salariés ignorent tout simplement l'existence d'autres alternatives libératrices et plus prometteuses.

- Pour une autre catégorie de salariés, c'est parce qu'ils n'ont pas confiance en leur capacité de réussir dans le monde libre des affaires.

Par conséquent, même si d'excellentes opportunités se présentent à eux, les salariés ne sauront les saisir.

Ils les laisseraient passivement passer devant leurs yeux pour que d'autres personnes plus éveillées en profitent.

D'autre part, plus le salarié est imprégné par la culture salariale, plus il aurait peur d'aller explorer d'autres horizons plus agréables. Et moins il serait capable de développer des capacités pour développer son propre business.

COMMENT ENVISAGEZ-VOUS VOTRE VIE DANS 5 ANS ?

« L'emploi est une solution à court terme d'un problème à long terme »
- Kiyosaki

Raison n°8 : Le système salarial tue votre éveil et votre créativité

Avez-vous constaté que le salarié agit souvent par imitation.

En fait, souvent, juste parce que tout le monde autour de lui est salarié qu'il considère que la bonne solution est d'être lui aussi un employé !

Et avec le conditionnement quotidien dans le système salarial, l'employé fini par considérer que la seule possibilité de gagner son pain, n'est autre que d'être un simple et banal salarié.

Avec le temps, il n'arriverait plus à imaginer d'autres alternatives à sa condition salariale.

Ainsi, pour lui, le fait qu'un individu ordinaire, comme lui, puisse créer des systèmes pouvant lui générer automatiquement des revenus 24h/7 j n'existent que dans le monde de la fiction.

Et si de tels systèmes existent vraiment, c'est uniquement pour les autres.

Et c'est pour cette raison que le salarié fini par s'habituer à vivre au jour le jour. Il perd tout sens de créativité. Il perd tout espoir de pouvoir construire une solution pour le long terme !

C'est le court terme qui prenne souvent le contrôle de sa vie.

Le court terme, c'est de régler les factures des repas, du loyer, de scolarité des enfants, des consommations en eau, électricité, téléphone etc. C'est de dépenser totalement le salaire avant même la fin du mois.

C'est un cycle vicieux duquel le salarié n'arrive jamais à sortir.

Et c'est pour cela que **R. Kiyosaki** confirme que l'emploi est vraiment une solution à court terme pour un problème à long terme.

Ainsi avec le modèle salarial, les employés sont conditionnés à une vie très limitée.

Ils n'arrivent plus à voir les opportunités qui passent devant leurs yeux.

Même si vous leur présentez un excellent projet d'affaire, ils ne sauront le saisir.

Car il s'agit, en général, des projets à moyen ou à long terme. Alors qu'eux ne sont conditionnés que pour les solutions du court terme.

Les salariés sont, en effet, habitués au seul modèle traduit par la règle : à l'effort immédiat, il faut une récompense immédiate !

Il est hors de leur éducation et de leur conditionnement de faire des efforts sur une affaire et attendre une certaine période avant que les revenus ne commencent à apparaître progressivement.

Pourtant, ce qui est formidable dans la vie des humains, c'est qu'il n'y a pas de déterminisme.

Il n'y a pas de fatalité.

En effet, tout est susceptible d'être changé. Car, l'être humain a toujours des choix à faire.

Dans ce sens, pas mal d'employés, de par le monde, parviennent à quitter leur emploi afin de se mettre à leur propre compte.

Et ils arrivent à bâtir des affaires florissantes.

Tout est alors question de volonté et de stratégies.

Et heureusement, la volonté on peut la développer.

Et les stratégies, on peut les apprendre et les appliquer.

Donc, où est le problème ?

A vrai dire : il n'y a pas de problèmes !

Sauf, si ce n'est de l'ignorance conjuguée à la paresse !

Qu'en pensez-vous, de tout cela ?

Et comment envisagez-vous votre vie dans 5 ans par exemple ?

Serez-vous toujours salarié ?

Ou, auriez-vous crée votre propre affaire qui vous donne pleine satisfaction de vous-même et qui vous assure une énorme liberté… ?

QUE CHOISIR : LA SÉCURITÉ FINANCIÈRE OU LA LIBERTÉ FINANCIÈRE ?

Raison n°9 : La sécurité d'emploi est une illusion

Dans l'ère industrielle, l'emploi était, en général, un véritable gage de sécurité.

Mais, les temps ont beaucoup changé à l'ère de la société de l'information et de la mondialisation.

Dans cette nouvelle société de l'information, la sécurité d'emploi est tout simplement devenue un mythe !

Malheureusement, le salarié est accoutumé à vivre dans cette illusion.

Comme déjà mentionné, dans un précédent chapitre, la mondialisation a rendu l'emploi le mode du travail le plus risqué.

En effet, la concurrence sur les marchés d'emploi est devenue très rude surtout avec l'ouverture des marchés asiatiques.

Dans ce contexte, les employés sont les travailleurs les plus vulnérables et qui ont le moins de pouvoir sur les décisions économiques.

De nos jours, il est aussi difficile de trouver un bon emploi que de le garder pour longtemps.

Car, des milliers de gens attendent impatiemment pour

prendre la place des autres.

Et les personnes qui ont déjà un emploi se considèrent très chanceux.

Et dans cette concurrence effrénée, les employés doivent fournir constamment plus d'effort et doivent être plus performants.

Les employés font cela même si leurs salaires sont pratiquement gelés et que le coût de vie ne cesse de croître.

La raison, c'est qu'ils ont tout simplement peur de perdre leur job. Leur seule source de revenu !

Et même si des personnes arrivent à sauvegarder leur emploi jusqu'à l'âge de retraite, qu'est-ce qu'au final auraient-ils vraiment gagné ?

- Est-ce une pension médiocre ?

- Et après quoi ? Une trentaine ou quarantaine d'années du travail pénible, dans la peur constante de perdre un jour leur emploi !

- Et quelle vie ont-ils pu vivre toutes ces années ? Et quels rêves ont-ils pu réaliser ? Très souvent : Rien de rien !

Le but de toute cette discussion, c'est pour dire que le salariat n'est pas la solution, même si on suppose que l'on peut réussir à sauvegarder l'emploi jusqu'à l'âge de la retraite.

En conclusion : aujourd'hui, il ne faut plus penser en termes de sécurité financière mais plutôt en termes de liberté financière.

QUEL EST LE POINT COMMUN ENTRE L'EMPLOYÉ ET LA ROUE D'HAMSTER ?

Raison n°10 : Un travail pénible et sans perspectives

Connaissez-vous la roue d'hamster ?

Et savez-vous quelle relation entre les salariés et cette roue d'hamster ?

La réponse, c'est que les salariés piégés dans leurs routines quotidiennes (métro – boulot - dodo) se sentent comme s'ils n'avaient plus de choix.

Ils pensent que leur destin est de continuer à courir encore et encore toute leur vie à l'intérieur de cette malheureuse roue d'hamster !

En fait, les employés ont perdu tout espoir d'améliorer significativement leur situation.

D'une part, ils sont conscients que leur situation salariale actuelle n'a jamais été aussi fragile et risquée.

D'autre part, ils sont coincés sous le poids de nombreuses dettes dans lesquelles ils se sont engagés.

En fait, aujourd'hui, et avec la généralisation de la société de consommation, les salariés subissent le poids de plusieurs pressions psychologiques notamment :

- Le coût de vie qui croit sans cesse ;

- La pression qu'exerce constamment la société de consommation. Notamment les matraquages des publicités de toute sorte, de toute part et le long de la journée qui incitent à davantage acheter et consommer ;

- Leur salaire qui à peine leur permet de joindre les deux bouts.

- Les employés sont, souvent, incapables de satisfaire tous leurs besoins et de ceux de leur famille ;

- Le risque d'être licencié croit avec le temps. Car la demande d'emploi est très supérieure à l'offre. Et parce que les entreprises privilégient les jeunes salariés qui sont plus frais, moins couteux et plus à jour avec les nouvelles technologies ;

- Le stress de perdre leur emploi à tout moment épuise leur énergie et empoisonne leur vie ;

- Les salariés reportent en permanence leurs projets à

l'année suivante sans jamais pouvoir véritablement les réaliser ;

- Ils n'arrivent plus à satisfaire les désirs de leurs enfants, vu que le coût de la vie croît constamment et rapidement ;

- Les pensions de retraites ne sont plus suffisantes. Pire encore, les salariés d'aujourd'hui ne sont même pas sûrs de pouvoir bénéficier de ces pensions quand ils arriveront à l'âge de retraire ;

- Leur impuissance est traduite par le temps fou passé devant la télévision ou dans d'autres mauvaises habitudes !

- Sans être conscients, ils influencent négativement l'avenir de leurs enfants. Ils conditionnent leurs enfants à la même vie que la leur. Cette vie qui est marquée essentiellement par le manque, la médiocrité et la misère !

- Bref, ils sont tout le temps fatigués, désespérés et sans perspectives positives !

BÉNÉFICIEZ-VOUS DES REVENUS PASSIFS ?

Le modèle salarial est contraignant à double titre.

D'une part, il limite l'accroissement de **votre richesse matérielle**.

Ceci est essentiellement dû à l'absence **des systèmes en pilotage automatique** qui génèrent des **revenus passifs**.

C'est ce que nous allons voir dans la raison n°11.

D'autre part, il contraint également **votre développement en tant qu'humain**.

Le salariat ne permet pas votre croissance personnelle. C'est l'objet de la raison n°12.

Raison n°11 : Pas de système en pilotage automatique

En tant qu'employé, vous n'êtes payé que lorsque vous travaillez.

Si par malchance, quelque chose vous oblige à ne pas travailler quelques jours, vous ne seriez tout simplement pas payé pour cette période.

A part, si vous êtes inscrit à des assurances spécifiques.

Donc, des charges supplémentaires !

Ce mode de paiement, on l'appelle **le système linéaire**.

En fait, le revenu de l'employé est une fonction linéaire du temps travaillé : si vous gagnez 10 Euro pour l'heure, vous gagnerez autour de 1600 par mois.

Si vous voulez un peu plus, vous devez faire des heures supplémentaires. Et chaque heure supplémentaire vous générerait relativement la même somme d'argent.

Mais, quelle qualité de vie si on travaille plus de 8 heure par jour ?

Le salariat est ainsi un cycle vicieux centré sur des solutions du court terme qui ne génèrent jamais de systèmes qui pourraient tourner en pilotages automatique.

Alors que ce sont les systèmes à pilotage automatique et des investissements dans des actifs qui génèrent les revenus passifs et par conséquent de la liberté financière.

C'est-à-dire, des systèmes qui travaillent pour vous quand vous dormez, quand vous voyagez et quand vous prenez du plaisir à faire autres choses que travailler.

Bref, quand vous prenez votre liberté pour savourer pleinement votre vie.

La solution pour créer de tels systèmes, c'est de choisir d'investir dans le monde libre de l'entrepreneuriat.

Êtes-vous alors prêt à devenir un entrepreneur à succès ?

ÊTES-VOUS ÉPANOUIS DANS VOTRE SITUATION SALARIALE ?

Raison n°12° : Le salariat ne permet pas la croissance personnelle

En fait, le modèle salarial est le dernier à offrir aux employés des conditions favorables à leur développement personnel.

Et ceci pour au moins les raisons suivantes :

- Toute l'énergie du salarié est consumée d'une part par le dur et pénible travail quotidien.

- De l'autre part, cette énergie gaspillée par le stress permanent causé par la peur de perdre la seule source de revenu.

- L'employé termine sa journée tellement épuisé qu'il devient incapable de faire autre chose que de s'asseoir passivement devant la télévision.

- Le manque de perspective et le pessimisme qui règnent dans l'univers salarial empêchent également toute tentative d'améliorer quoi que ce soit sur le plan humain ou sur le plan des affaires.

N'est-il alors pas grand temps de se libérer de ce pauvre système pour aller vers des solutions plus prometteuses et libératrices ?

Voilà, nous venons de parcourir l'ensemble des 12 principales raisons valables pour ne plus vendre votre précieux temps.

J'aime rappeler que le but de cette analyse des nombreuses limites et contraintes du système salarial, c'est de vous aider à sortir de la routine et de créer chez vous une réflexion dynamique et positive afin d'entrevoir d'autres perspectives et d'autres alternatives.

Car, ce n'est qu'à partir de cette mentalité positive et ouverte que vous pourrez commencer à envisager sérieusement d'autres options aux modèles traditionnels du travail.

L'objectif est ainsi de vous aider à commencer à vous ouvrir sur d'autres idées, d'autres choix et d'autres manières de penser et de travailler.

L'objectif est également de vous aider à vous ouvrir sur d'autres possibilités d'affaire que vous avez, peut-être, coutume d'éviter et d'ignorer jusqu'à maintenant.

L'objectif est donc, de terminer...

L'objectif est donc, de terminer avec la mentalité du salarié qui ne cesse de répéter des pensées de genre :

- ...quoi ?! Chercher d'autres alternatives d'affaire ? Mais c'est impossible pour moi...

- ... envisager de quitter mon emploi ?! Je ne pourrais jamais faire ça moi !

- ...se développer pour avoir ma propre entreprise ?! C'est

de la pure fiction ! N'y pense même pas !

- …comment ?! Se lancer dans le monde de l'entreprenariat ? Moi, qui n'ai ni les compétences ni la formation pour me lancer dans ce monde. D'autre part le monde des affaires est fait pour les riches. Car, il est trop risqué et il faut avoir beaucoup d'argent pour l'investissement !

- Etc. etc.

Au lieu de cela, vous pouvez développer la mentalité d'entrepreneur à succès

En effet, au lieu de cette mentalité limitée et négative, il est grand temps de devenir quelqu'un qui n'hésite pas à dire des phrases diagonalement opposées comme :

- …chercher d'autres alternatives d'affaire ? Oui, pourquoi pas, je veux bien essayer moi aussi et je suis prêt à apprendre de nouvelles compétentes si nécessaire ! …

- … envisager de quitter mon emploi ? Oui, mais je dois commencer d'abord à temps partiel et de progresser intelligemment en apprenant et appliquant chaque fois de nouvelles stratégies !

- …se développer pour avoir ma propre entreprise ? oui, j'y pense toujours et je prépare le terrain pour minimiser les risques, et chaque jour je fais un véritable pas en avant…

- Etc. etc.

Le rappel des 12 raisons valables pour se libérer du système salarial :

- Raison n°1 : C'est la pire façon de gagner de l'argent

- Raison n°2 : Vous travaillez à réaliser un rêve qui n'est pas le vôtre

- Raison N°3 : Vous ne capitalisez pas sur vos efforts et

vos expériences dans votre travail de salarié

- Raison n°4 : La vie du salarié n'est plus équilibrée

- Raison n°5 : Le salaire est le plus taxé de tout

- Raison n°6 : Le salariat est l'équivalent de l'esclavage moderne

- Raison n°7 : L'employé est conditionné à rester prisonnier dans sa zone de sécurité.

- Raison n°8 : Le salariat tue votre éveil et votre créativité

- Raison n°9 : La Sécurité d'emploi est une illusion

- Raison n°10 : Un travail pénible et sans perspectives

- Raison n°11° : Pas de système en pilotage automatique

- Raison n°12 : Le salariat ne permet pas la croissance personnelle

LA SYNTHÈSE DES 37 PRINCIPALES LIMITES DU MODÈLE SALARIAL

« Tous les travaux rémunérés absorbent et amoindrissent l'esprit. »
Aristote

Le salariat est le modèle le plus contraignant et qui présente le maximum de limites.

Ci-après la synthèse des 37 principales limites et contraintes :

1. **Les contraintes de soumission : Dans le modèle salarial, la dominance est à la culture d'obéissance** à la hiérarchie et à la discipline au règlement imposé par l'organisation.

2. **Les contraintes d'horaires** : Le salarié est contraint à

travailler un nombre fixe d'heure par jour. En général 8 h/j. Les heures d'entrée et de sortie sont aussi rigidement préfixées par l'organisation et qu'il faut impérativement respecter !

3. **Les contraintes de lieu.** Le salarié est également obligé de se déplacer chaque jour au lieu du travail situé, en général, à des dizaines de kilomètres de chez soi.

4. **Les contraintes d'objectifs qui ne sont pas les siens.** C'est le supérieur hiérarchique qui, très souvent, les fixe pour lui ! Le salarié travaille ainsi à réaliser un rêve qui n'est pas le sien ;

5. **Les contraintes de contrôle : L'employé est constamment supervisé, jugé** et évalué par les autres en l'occurrence par ses supérieurs immédiats.

6. **Les contraintes hiérarchiques :** Dans le modèle salarial, l'employé a toujours quelqu'un qui lui dicte quoi faire et lui impose comment faire.

7. **Les contraintes d'appréciation :** Les supérieurs hiérarchiques jugent continuellement vos comportements, et ils sont rarement satisfaits du travail des employés !

8. **Des limitations dans le choix des périodes de ses propres vacances.** En effet, le salarié doit toujours soumettre ses demandes de congés à ses supérieurs hiérarchiques. Et très souvent, il obtient des refus sous prétexte de la nécessité du service !

9. **Contraintes relatives aux personnes avec qui travailler.** Le salarié ne peut pas choisir les gens avec qui travailler en équipe.

10. **Absence d'esprit d'initiative et d'innovation.** Dans la plupart des organisations, l'initiative et l'innovation ne sont pas les bienvenues. Et ceci malgré tous les bons

discours de la façade !

11. **Les contraintes de procédures et d'instructions :** L'employé se trouve tout le temps confronté aux règles stupides et limitantes imposées par les spécialistes de la bureaucratie, de la rigidité et de la stagnation.

12. C'est aussi **la pire façon de gagner de l'argent** : car le modèle salarial est linéaire : c'est-à-dire dans lequel l'employé est obligé d'échanger son précieux temps contre de l'argent !

13. **Vos indemnités et vos primes** sont à la merci de vos chefs hiérarchiques,

14. Le salarié ne peut jamais bénéficier **des systèmes en pilotage automatique** qui pourraient lui générer des revenus 24h/24.

15. **Le salaire est le revenu le plus taxé** que tous les revenus des autres modèles professionnels !

16. **Le salariat est l'esclavage moderne par excellence.** L'employé est obligé à rester toute la journée prisonnier dans son bureau. Même quand il fait très beau dehors. Et même si on a un grand désir de faire une petite promenade !

17. **Les efforts du salarié ne sont pas toujours valorisés à leur juste valeur.** Pire encore, il n'est pas rare que le l'employé assiste au vol de ses meilleures réalisations par ses chefs immédiats.

18. **La vie du salarié d'aujourd'hui n'est plus équilibrée.** Il est de plus en plus contraint à travailler davantage d'heures supplémentaires. Et ceci aux dépens de sa vie privée et familiale…

19. **L'employé est très souvent conditionné à rester**

prisonnier dans sa zone de sécurité. Il n'arrive pas à saisir les bonnes opportunités mêmes si on les lui présente sur un plateau d'or !

20. Avec le temps, **le salariat tue l'initiative, l'éveil et la créativité de l'emplyé**...

21. Le salariat ne permet **pas la croissance et l'épanouissement personnels** ;

22. Le salarié subit constamment de la frustration en raison de l'absence de coopération ou même de la guerre entre les différents services.

23. D'autre part, la **vie du salarié devient de plus en plus pénible et risquées**. Il n'arrive plus à satisfaire les désirs de ses enfants et de ses proches ;

24. Avec la révolution des technologies numériques, de plus en plus de tâches seront assurées par les ordinateurs et les machines. Par conséquent, de plus en plus d'emplois seront perdus.

25. Et avec la mondialisation et notamment avec la compétition internationale sur les marchés d'emploi, beaucoup d'autres emplois seront perdus. Et les salaires seront appelés à la baisse pour la plupart des catégories d'emplois...

26. Le salarié supporte ainsi constamment des suppléments de surcharge de travail en raison des compressions régulières de personnel ;

27. **La sécurité d'emploi est désormais une grande illusion.** Au contraire, aujourd'hui, le salariat est le modèle professionnel le plus risqué !

28. **Les pensions de retraites ne sont plus suffisantes.** Pire encore, les salariés d'aujourd'hui ne sont même pas sûrs de pouvoir bénéficier de ces pensions quand

ils arriveront à l'âge de la retraire ;

29. D'autre part, **le coût de vie qui croit sans cesse et plus rapidement que celui des salaires.** Le salaire à peine s'il peut couvrir la totalité du mois.

30. **Le risque d'être licencié croit avec le temps.** Car, la demande d'emploi est très supérieure à l'offre. Et parce que les entreprises privilégient les jeunes salariés qui sont plus frais et plus à jour avec les nouvelles technologies ;

31. **Le stress de perdre son emploi** à tout moment épuise son énergie et empoisonne constamment sa vie ;

32. **Le salarié reporte en permanence les projets** qui lui tiennent à cœur à l'année suivante sans jamais pouvoir véritablement les réaliser ;

33. Sans être conscients, **le salarié influence négativement l'avenir de ses enfants.** Il conditionne ces derniers à la même vie que la sien. Cette vie qui est marquée essentiellement par le manque, la médiocrité et la misère !

34. **Le salarié lutte quotidiennement dans sa propre roue d'hamster** dont il n'arrive jamais à s'affranchir. Il termine ses journées épuisé et désespéré.

35. A la longue, le salarié finit par abandonner tous ces rêves et ses aspirations.

36. Le salarié termine par perdre tout espoir à échapper à une telle vie de manque et de médiocrité.

37. En sommes, le salariat est réellement **l'équivalent de l'esclavage moderne.**

Donc, si votre employeur oublie de vous licencier,

faites-le à sa place.

PARTIE IV
COMMENT VOUS LIBÉRER
DU SYSTÈME SALARIAL

Vous lirez dans cette dernière partie les sujets suivants :

❖ Comment préparer le chemin vers votre liberté financière !

❖ Je vous raconte ma petite histoire : J'étais un esclave des temps modernes !

❖ Les 36 bonnes raisons pour devenir entrepreneur libre.

❖ Comment se libérer de la mentalité salariale et devenir un entrepreneur à succès.

❖ Pourquoi il est indispensable de développer d'abord votre psychologie de la richesse.

PRÉPAREZ LE CHEMIN VERS VOTRE LIBERTÉ FINANCIÈRE !

Si vous êtes actuellement salarié, alors j'espère que les 12 principales raisons valables pour ne plus échanger votre temps contre de l'argent, et les 37 principales limites du système salarial, vous ont éclairé et vous ont encouragé à poser des questions pertinentes quant à votre avenir professionnel.

J'espère que tous ces éléments vous ont donné suffisamment de motivation pour amorcer des changements afin de ne plus vous contenter de peu. Et afin de vous libérer d'un mode de travail qui vous empoisonne la vie.

Bref, j'espère que vous avez commencé à vous poser la redoutable question : **Comment se libérer de la mentalité salariale ?**

J'espère que vous êtes ainsi :

- Décidé à anticiper les changements dans votre vie professionnelle au lieu de les subir passivement.

- Décidé qu'il est temps d'agir maintenant, avant qu'il ne soit trop tard.

- Décidé à devenir l'acteur à 100 % de votre vie professionnelle.

- Déterminé à faire des choix qui sont en accord avec vos propres aspirations.

- Décidé à déclencher les changements nécessaires pour concrétiser tout cela et dès maintenant.

Si c'est vraiment le cas, alors je n'ai qu'à vous dire : BRAVO !

De cette manière, vous êtes sur la bonne voie !

Je vous rappelle que je ne vous recommande pas de quitter votre travail de salarié du jour au lendemain !

Ce que, par contre, je vous recommande, c'est de commencer dès maintenant à choisir le véhicule d'affaire pour aller vers votre liberté financière.

Et peut-être vous avez du mal à identifier un domaine pour commencer votre voyage vers votre liberté financière.

Dans ce cas, je peux vous recommander ce que je considère comme le meilleur véhicule de la liberté financière qui existe aujourd'hui.

Mais, avant cela, permettez-moi de vous raconter ma petite histoire avec la liberté financière digitale.

J'ÉTAIS UN ESCLAVE DES TEMPS MODERNES !

Ma petite histoire avec « La Liberté Financière Digitale »

La plupart du temps, ce sont les problèmes, les défis et les obstacles de la vie qui nous donnent l'extraordinaire occasion de nous changer pour le mieux.

Ce sont surtout ces moments difficiles qui nous aident à prendre des décisions pénibles et à faire de grands choix qui transforment radicalement le cours de notre existence.

Dans ce sens, ce n'est pas par hasard que j'ai commencé à m'intéresser sérieusement à la liberté financière.

En fait, c'est le résultat de tout un parcours au cours duquel j'ai appris plusieurs leçons dont certaines étaient très douloureuses.

Le parcours d'un esclave moderne...

J'ai débuté mon parcours professionnel en tant qu'ingénieur-salarié dans une société des télécommunications.

Je bénéficiais d'un bon salaire qui était d'ailleurs parmi les meilleurs salaires qu'on offrait sur le marché d'emploi.

Et j'avais aussi la chance d'apprendre beaucoup de choses dans un minimum de temps. Car, j'avais l'opportunité d'exercer successivement dans plusieurs départements de cette entreprise.

En fait, j'ai débuté dans des services techniques. Puis, j'ai rejoint le département de recherche et développement. Ensuite, j'ai été chargé de conduire des projets transversaux : entre les directions technique, commerciale, marketing et Système d'information. Ensuite, j'ai intégré la direction marketing...

Mais, avec mon emploi, ce n'était pas le type de vie auquel je m'attendais !

D'abord, j'étais censé travailler de huit à dix-sept heures. Mais dans la réalité, c'était plus souvent de huit à dix-neuf heures, à quoi s'ajoutait le travail du week-end. Et tout cela, sans aucune compensation financière ou d'autre nature.

Et mon travail professionnel débordait de plus en plus sur mon temps privé.

Le temps pour ma vie privée et familiale ne cessait de se rétrécir jour après jour.

Et le pire, c'est que je ne trouvais aucune satisfaction durant le temps passé au travail.

Au contraire, la plupart du temps, j'avais le sentiment d'étouffer dans mon bureau ...

J'envisageais très souvent de quitter mon emploi. Mais,

c'était la peur de ne pas savoir quoi faire quand je démissionnerais qui me retenait.

J'avais surtout peur de ne pas être capable de générer des revenus autrement.

Pourtant, j'étais certain d'une chose. Je savais que changer d'employeur n'était pas la solution pour moi !

J'étais convaincu que c'est le modèle salarial, lui-même, qui ne me convenait pas du tout !

D'ailleurs, ce n'était pas du tout le modèle professionnel dont je rêvais quand j'étais encore étudiant.

Et **je n'ai jamais imaginé que le monde salarial présente autant de limites et de contraintes !**

A tel point que je pense sincèrement que ces contraintes et ces limites sont aussi nombreuses qu'on peut en faire tout un livre !

Mais, par crainte de vous mettre mal à l'aise, je vous épargne de lister toutes ces limites et contraintes.

Alors, permettez-moi de partager avec vous seulement les limites qui sont pour moi les plus importantes et qui me causaient le plus d'ennuis et de frustrations.

En fait, quand j'étais salarié :

1. J'étais tout le temps confronté aux règles stupides et limitantes imposées par les spécialistes de la bureaucratie, de la rigidité et de la stagnation.

2. J'étais obligé de perdre de longues heures dans des réunions mal conduites et qui glissaient très souvent vers des discussions stériles ;

3. J'étais obligé de rester prisonnier dans le bureau du travail toute la journée alors qu'il faisait très beau de-

hors ;

4. J'étais moins bien payé que quelqu'un qui avait de « bonnes relations » avec les supérieurs hiérarchiques ;

5. J'étais tout le temps stressé dans l'attente d'une promotion qui n'arrivait que très rarement. Et quand elle arrivait, elle était très souvent décevante et en dessous de mes attentes ;

6. J'étais souvent témoin du vol, par mes supérieurs, de mes idées et de mes meilleurs exploits.

7. J'étais contraint à partager un même espace de travail avec plusieurs personnes et subir constamment des interruptions qui me privaient de ma concentration et m'empêchaient de donner le meilleur de moi.

8. J'étais obligé de travailler en groupe avec des hypocrites qui étaient disposés à toutes les indignités pour plaire à leurs supérieurs.

9. J'étais tout le temps bombardé par des emails de service qui venaient de toute part et dont la majorité écrasante étaient insignifiants ;

10. Je subissais la plupart du temps le refus de m'accorder des vacances dans les périodes de mon choix pour le fameux prétexte de « la nécessité de service ». Alors que les « fidèles » du patron prenaient leurs congés à tout moment selon leur plein désir !

11. J'étais dans une organisation qui vous submergeait par des discours creux sur l'initiative et sur l'innovation. Mais en réalité et dans les fait, elle détestait et bloquait toutes les idées nouvelles et sanctionnait les porteurs de projets ambitieux !

12. Je subissais la frustration constante en raison de l'absence de coopération ou même de la guerre entre les

différents services ;

13. J'étais obligé d'assister à des réunions à la dernière minute et sans même avoir la moindre idée sur l'objet du jour ;

14. J'accumulais des surcharges, de plus en plus importantes, de travail en conséquence aux réductions successives de l'effectif ;

15. Je n'obtenais jamais de vraies reconnaissances même pour mes réalisations exceptionnelles.

16. J'étais entouré par des personnes «Yes-men » dépourvues de toutes dignités et de toutes noblesses dont le seul souci était d'obtenir une promotion qu'elles ne méritaient pas.

17. Je souffrais chaque jour, matin et soir, dans des infernales embouteillages pour aller-retour entre mon domicile et le lieu du travail ;

18. J'étais privé de stationner dans le parc de l'organisation, parce que les places étaient réservées uniquement au patron et son entourage. ;

19. Etc...

Si vous êtes salarié, alors vous vous reconnaitrez sûrement dans plusieurs de ces situations.

Pour moi, ce sont toutes ces raisons qui ont donné naissances à l'idée de quitter définitivement le monde salarial.

En fait, cette idée de quitter mon emploi s'amplifiait avec le temps, jusqu'à ce qu'elle est devenue une source continue et intense d'ennui et d'insatisfaction.

Elle me rongeait ainsi tout le temps. Elle ne me laissait jamais tranquille !

Et plusieurs fois, elle m'empêchait carrément de fermer les yeux toute la nuit !

Dans les grands moments d'irritations et de frustrations, je me sentais que je vivais vraiment dans un système d'esclavage !

Et je savais que ce n'était pas un sentiment passager !

C'était vraiment de l'esclavage moderne !

Je savais ainsi que je devais me trouver une solution coûte que coûte et le plutôt possible !

J'ai finalement quitté mon travail d'employé pour me m'être à mon propre compte en tant qu'entrepreneur indépendant.

J'aime être franc avec vous : Au début, je n'avais aucune idée de ce que j'allais faire !

Je n'avais aucun projet d'affaire dans ma tête !

Je parle bien sûr des projets d'affaire pouvant me libérer du modèle linéaire d'échanger mon temps contre de l'argent.

C'était, en fait, l'un des plus décisifs moments de ma vie.

Car, quand j'y pense, je trouve que quitter mon boulot sans avoir un projet de rechange était parmi les plus grandes décisions et les plus risquées de ma vie.

Pourtant, c'est à partir de ce moment que j'ai commencé à apprendre les plus importantes leçons de la vie.

J'ai, en fait, créé cinq (5) entreprises d'affilé pendant les deux premières années de mon départ.

Mais, qui ont toutes totalement échouées. Chaque fois pour une raison différente de la précédente !

Et pire encore, c'est que dans chaque expérience je perdais une somme supplémentaire d'argent de mes épargnes.

Cependant, je n'avais pas le choix d'arrêter. Et ceci pour une simple raison. C'est que je n'avais aucune autre source de revenu.

Donc, j'étais obligé de continuer à tester tout ce qui se présentait à moi en tant qu'idée ou opportunité d'affaire.

Toutefois, la meilleure contrepartie que j'en ai tiré, c'est que j'ai beaucoup appris de chacune de ces expériences.

En effet, ce que j'ai appris dans ces deux années pesait beaucoup plus lourd que ce que j'ai appris pendant toutes mes vingt années d'employé.

Et je ne dis pas que c'était facile. Au contraire !

En fait, après le 5eme échec, je me suis rendu compte qu'il était temps d'arrêter de m'engager dans toutes les directions et dans toute sorte d'idée d'affaire qui me venait à l'esprit.

Il était grand temps pour moi pour prendre un peu de recul et réfléchir profondément à ce qui m'arrivait.

En effet, j'avais besoin de bien analyser ma situation et notamment de comprendre les causes de cette succession d'échecs.

Et je devais surtout réfléchir au type de projet que je devrais entreprendre et sur lequel je devrais concentrer toute mon énergie, mon temps et mes investissements.

Je me suis alors enfermé dans mon domicile pendant deux longues semaines.

J'ai décidé de ne sortir de chez moi que lorsque je découvrais ce qui ne marchait pas pour moi.

J'étais également déterminé à prendre, s'il le faut, un tout nouveau départ dans ma carrière professionnelle.

Et la seule ouverture que j'avais laissée sur le monde externe était l'Internet.

La découverte d'autres alternatives au model salarial

C'était grâce à cette ouverture unique que j'avais laissée sur le monde externe, c'est-à-dire à travers mes recherches sur Internet, que suis tombé sur une vidéo sur le "**webmarketing**".

Il s'agissait, en fait, d'un modèle de business **à la taille d'une personne** !

C'était un concept nouveau pour moi.

Et la personne qui parlait dans cette vidéo était un jeune homme d'une trentaine d'années.

Il insistait sur le fait qu'il gagnait des revenus intéressants totalement en ligne.

Il confirmait également qu'il a obtenu ces résultats grâce à la création d'un système simple qui lui génère des revenus 24/24.

Et que ce système lui permet ainsi de voyager partout dans le monde pendant que l'argent continue à couler dans son compte bancaire.

Evidemment, je n'ai pas cru, tout de suite, à de telles histoires !

Pour moi, ce n'était qu'un autre type de discours marketing !

N'oubliez pas que j'ai travaillé pendant cinq ans dans la direction Marketing d'une grande entreprise.

Pourtant, une chose a particulièrement attiré mon attention.

Il s'agit de la possibilité de gagner sa vie grâce à sa passion. Et ceci en créant des **infoproduits** (produits d'informations) autour de cette passion !

C'est surtout le mot « **info-produit** » qui a le plus retenu mon attention.

En fait, j'ai oublié de mentionner que j'étais un grand fan de la lecture, notamment dans les domaines suivants :

1. La gestion et le management des organisations ;

2. Les stratégies en général et les stratégies d'affaires en particulier ;

3. Les technologies d'information et de communication (TIC) et leur impact sur la vie des individus et des organisations ;

4. Le développement personnel.

D'ailleurs mon premier livre que j'ai publié lorsque j'étais encore salarié traduit mon intérêt à ces sujets.

Il s'intitule : « **Management des TIC pour la compétitivité des entreprises**. »

Et c'est un livre qui s'est très bien vendu.

Donc, la chose que la vidéo m'a rappelé, c'est un pronostique éclairant et visionnaire fait par **Peter Drucker**, le pape du management moderne.

Peter Drucker a, en fait, annoncé au début des années 90, l'avènement de l'ère des « **travailleurs du savoir** » qui se base essentiellement sur le traitement de l'information.

Et l'activité principale de ces « **travailleurs du savoir**, c'est la transformation de l'information et du savoir en **infoproduits**.

Peter Drucker a tiré ce pronostique de la constatation

que chaque révolution civilisationnelle et technologique engendrait les conditions de l'apparition **d'une nouvelle économie.**

Et que cette dernière fait disparaitre plusieurs métiers et en crée de nouveaux qui seront les principaux créateurs d'emploi et de richesse.

Et bien sûr le cœur de ces nouveaux métiers d'après le pape du management moderne, **c'est la production d'information et de savoir.**

Je me rappelle très bien que quand j'ai lu ce pronostique, j'ai souhaité fortement être parmi ces « **travailleurs de savoir** ». Il est même devenu mon rêve le plus cher.

Donc, ce que je voulais dire de tout cela, c'est que le type d'affaire que présentait la personne de ladite vidéo correspondait exactement au modèle d'affaire préconisé par **Peter Drucker.**

J'ai alors su que cette vidéo m'invitait à me reconnecter à mon grand rêve que j'ai presque oublié...

Et c'est ainsi que j'ai commencé à faire des recherches sérieuses et plus approfondies sur ce nouveau modèle d'affaire.

Je me suis surtout concentré sur **le marché américain qui est précurseur et très en avance dans ce domaine.**

Et merci beaucoup cher INTERNET !

Car, aujourd'hui, grâce à l'Internet on peut faire gratuitement des études de marchés assez pertinentes. Nous avons, en tant qu'individus ordinaires, la possibilité de faire des études de marché qui étaient, dans le proche passé, l'apanage des grandes organisations disposant d'énormes budgets pour cela.

En effet, c'est de cette manière que j'ai découvert plusieurs choses qui sont tout simplement merveilleuses et extraordinaires.

Il s'agit des découvertes qui ont donné une direction radicalement nouvelle à ma vie privée et professionnelle.

Bref, c'était un grand eurêka pour moi !

J'ai, en fait, découverts que **pour la première fois dans l'histoire**, il est tout à fait **possible pour de simples individus, comme vous et moi, d'atteindre la liberté financière le plus rapidement et simplement possible**.

En d'autres termes plus concrets, il s'agit de la possibilité pour de simples individus de **monter leurs propres affaires sur l'Internet dans les meilleures conditions possibles et de générer des revenus très intéressants**.

Et ceci grâce aux solutions que nous offre le tout nouveau domaine des **affaires digitales** ou encore **l'e-business**.

Cette formidable découverte m'a aussitôt redonné plus de motivation, plus d'énergie et plus de confiance en moi pour aller de l'avant dans le monde libre de l'entrepreneuriat.

Mais, cette fois-ci, avec une nouvelle **petite rectification de tir**.

C'est, qu'il s'agit désormais de l'entrepreneuriat « **digital** » et non de n'importe quel entrepreneuriat flou et sans couleur !

Oui, il s'agit d'une toute petite précision du domaine d'affaire. Mais, c'est une précision qui est, croyez-moi, vraiment de taille !

C'était certainement un nouveau grand eurêka dans ma vie !

C'est ainsi que j'ai rapidement su que **l'e-business** est ce qui me convient le plus et ce dont j'avais vraiment besoin pour sortir de mes séries d'échecs consécutifs.

En fait, j'ai instantanément identifié trois (3) principaux avantages de l'e-business pour moi.

Les voici :

1. L'e-business est un domaine qui me permet de travailler sur l'une de **mes grandes passions** : Apprendre en permanence de nouvelles choses, communiquer et partager avec les autres mes connaissances, mes découvertes et mes expériences. J'aime en particulier aider les gens à améliorer les conditions de leur vie privée et professionnelle. Et ceci en produisant de l'information et du savoir : infoproduits, des formations, du consulting... ;

2. C'est le domaine d'affaire qui est à la fois **le plus rentable et le plus libérateur ;**

3. C'est le métier le **mieux en adéquation avec la nouvelle ère digitale**. Donc, c'est le domaine d'affaire qui connaitra le plus de croissance, d'expansion et d'évolution.

Je n'ai alors pas hésité une seconde à me lancer dans ce nouveau et fascinant modèle d'affaire : **l'e-business.**

A première vue, ce n'était pas une décision rationnelle dans le sens classique du terme.

Car, je ne connaissais absolument rien en ce domaine. Et je ne savais pas si je vais réussir ou si je vais essuyer un autre échec supplémentaire !

Pour mettre alors le maximum de chance de mon côté, j'ai arrêté tous les autres projets que j'avais en cours.

Cela me permettait, en fait, de concentrer toute mon énergie et tout mon temps sur l'apprentissage des nouvelles connaissances et compétences indispensables à la réussite dans ce nouvel univers de l'e-business.

Et permettez-moi de vous assurer que je n'ai jamais regretté cette décision.

Car, j'ai découvert qu'aujourd'hui, l'e-business n'est pas seulement le domaine d'affaire le plus prometteur. Mais, c'est aussi le domaine le plus accessible à la majorité de gens et qui offre incontestablement le meilleur cadre de vie.

Pensez-y juste un instant : Existe-t-il un meilleur cadre de vie que de créer son business autour de ses passions, à partir de son PC, de chez lui et qui procure assez de temps libre ?!

Personnellement je suis très redevable à ce merveilleux model d'affaire.

Car, mon engagement dans ce nouveau monde de l'e-business ne m'a pas seulement sauvé de mes échecs successifs, mais il a aussi et surtout transformé radicalement ma vie privée et professionnelle.

Il m'a permis, en particulier, de développer de nouvelles importantes convictions dans la vie.

En voici quelques-unes :

1. Je suis convaincu que l'humanité est en train de vivre un moment historique exceptionnel. Nous vivons une phase de transformation individuelle et collective radicale. Il s'agit de l'ère digitale.

2. Dans cette nouvelle ère, les actifs qui ont pris l'importance centrale sont les connaissances, les compétences et les savoirs.

3. Et je suis convaincu que chaque individu a désormais

d'extraordinaires opportunités (jamais vues avants) pour devenir libre financièrement ;

4. Je crois que chacun de nous possède des potentiels il-limités en lui. Mais, qu'il faut juste un travail approprié et approfondi sur soi pour pouvoir les exprimer pleine-ment.

5. D'autre part, je suis convaincu que la liberté financière contribue énormément à l'amélioration de la qualité de vie des gens.

6. Je suis convaincu que la véritable valeur ajoutée de chacun de nous est d'aider les autres personnes à réus-sir aussi leur vie.

Et c'est pour toutes ces convictions que je crois fortement que vous pouvez, vous aussi, profiter des formidables op-portunités que vous présente la nouvelle ère digitale.

Et c'est pour cela que je vous ai identifié, dans le chapitre suivant, les **36 bonnes raisons pour** devenir, vous aussi, un entrepreneur libre dans le nouveau monde de l'e-business.

POURQUOI «LES AFFAIRES DIGITALES» EST LE MEILLEUR VÉHICULE POUR BÂTIR VOTRE LIBERTÉ FINANCIÈRE?

Pourquoi ce chapitre ?

Il faut rappeler que ce guide est entièrement consacré pour vous aider à identifier et à mettre en exergue les principaux obstacles qui pourraient vous empêcher d'aller vers votre liberté financière.

Pourquoi aujourd'hui, les affaires digitales est le meilleur véhicule pour bâtir votre liberté financière ?

Des stratégies concrètes et explicites pour devenir financièrement libre, est également un sujet très important et très vaste mais qui sort du cadre de ce guide.

Ce sujet de « **stratégies gagnantes** » mérite, à lui seul, non seulement un seul guide, mais tout un ensemble de guides complémentaires. Ou, même une formation complète étalée sur plusieurs semaines.

Toutefois, je n'ai pas aimé que le présent guide soit totalement dépourvu de solutions. Car, les obstacles renvoient aux côtés négatifs des choses, alors que les stratégies ouvrent des perspectives sur des solutions positives.

D'ailleurs, c'est pour cette raison que le long de ce guide, je ne me suis pas limité aux obstacles. Au lieu de cela, je vous ai proposé des astuces et certaines directives de solutions.

Et c'est dans ce sens que j'ai fait une multitude de fois référence au domaine de **l'e-business en tant que solution pour commencer à bâtir votre liberté financière**.

C'est également pour cette raison que j'ai aimé réserver ce chapitre à répondre à la question : **Pourquoi aujourd'hui, « les affaires digitales » est le meilleur véhicule pour bâtir votre liberté financière ?**

Alors, pourquoi aujourd'hui, « les affaires digitales » est le meilleur véhicule pour bâtir votre liberté financière ?

Je pense que la réponse est toute simple et évidente.

En effet, aujourd'hui, avec la révolution internet, vous avez d'extraordinaires chances pour réaliser ce rêve !

Et il est à souligner que les affaires digitales ou l'e-business sont en train de transformer la vie de plus en plus de personnes partout dans le monde.

Et il n'est alors plus surprenant de constater que chaque jour de nouvelles personnes, de toutes régions du monde, rejoignent ce nouveau monde de **l'entrepreneuriat digital** !

Je vous recommande de faire de même et le plutôt possible.

Certains vont jusqu'à dire : « **S'adapter à l'ère digitale ou disparaitre !** »

De mon côté, je dis : « **Adaptez-vous rapidement à la révolution digitale et devenez un leader mondial de la nouvelle ère**. »

Si vous n'êtes pas encore convaincu, alors poursuivez votre lecture !

Car, dans les lignes suivantes, je vais vous révéler les deux

(02) avantages exceptionnels de **l'e-business**.

La 1ère grande particularité de l'e-business

En tant qu'individu ordinaire, les technologies de l'internet vous ouvrent des possibilités d'affaire jamais vues dans toute l'histoire humaine.

C'est, en fait, tout un nouveau modèle d'affaire qui prend de plus en plus de l'importance. C'est ce qu'on appelle : l'e-business.

En effet, aujourd'hui, **l'e-business est sans conteste le meilleur domaine d'affaire qui permet aux gens de se libérer progressivement de leur situation salariale.**

Ce que je veux dire clairement par-là, c'est que vous n'êtes pas obligé de quitter votre emploi actuel pour commencer, tout de suite, à construire votre e-business.

Car, il est tout à fait possible de commencer immédiatement à **travailler à temps partiel** sur votre projet d'e-business.

De cette façon, vous ne prenez pas de risques, ou au moins **le minimum de risques possibles**.

Et vous ne déciderez de virer votre patron que lorsque vos nouveaux revenus seront largement supérieurs à votre salaire.

D'habitude, je recommande aux gens de ne quitter leur emploi que lorsque les revenus de leur e-business soient plus importants d'au moins trois fois leur salaire.

Commencez alors par choisir « l'idée » de votre projet. Et chaque jour faites un pas supplémentaire pour transformer cette idée en réalité.

Après un certain temps, si vous persévériez, vous seriez agréablement surpris de ce que vous êtes vraiment capable d'accomplir.

Bref, les portes du monde libre de l'entrepreneuriat s'ouvriront à vous beaucoup plus facilement à ce que vous croyez.

Et vous serez certain, plus que jamais, que l'atteinte de votre rêve de liberté financière n'est plus une mission impossible !

La 2ème grande particularité de l'e-business

Ce qui est aussi particulièrement intéressant dans l'e-business, c'est qu'il est **le domaine le plus accessible à la majorité de gens.**

Alors, croyez-moi, vous pouvez, vous aussi, bâtir votre e-business !

Car, pratiquement, **il n'y a pas de barrières à l'entrée.**

Dans les autres domaines d'affaire, on rencontre toujours au moins l'une des deux barrières à l'entrée suivantes :

1. Un diplôme servant de preuve d'avoir suivi de hautes études dans une spécialité spécifique.

2. De gros investissements de départ.

Alors que l'e-business, au contraire, il n'exige ni diplôme ni de gros investissements de démarrage...et les domaines dans lesquels on peut exercer sont pratiquement illimités...

Le domaine de l'e-business est très large. Il peut s'adapter presque à toute sorte d'activité économique et commerciale.

C'est pour cette raison que j'aime mettre plus le point sur un domaine particulier de l'e-business.

Et je vous ai choisi ce domaine parce qu'il offre le maximum d'avantages.

Il s'agit de **l'infopreneuriat**.

Qu'est-ce que l'infopreneuriat ?

Le mot **Infopreneuriat** est, en fait, formé des deux mots, « **information** » et « **entrepreneuriat** ».

Et il s'agit de commercialiser et de vendre essentiellement des produits immatériels (l'information, connaissances, formations, techniques, conseils, coaching...) principalement en line (PC + Internet).

C'est en fait un domaine centré sur la **production et la commercialisation de l'information et du savoir**.

D'autre part, le domaine de l'Infopreneuriat est assez vaste et peut porter sur une longue liste d'activités qui continue de s'allonger.

En voici quelques exemples de macro-sujets :

• Le développement personnel ;

• La spiritualité, L'inspiration ;

• Des secrets d'un métier bien gardés ;

• Des expertises particulières ;

• Des techniques et pratiques relatives à un domaine

• Bien-être, santé ;

• La richesse, la liberté financière ;

• Des façons de gagner des revenus tout en jouissant pleinement de la vie ;

• Des jeux ; Des passe-temps ; Des divertissements ;

- Des aventures ;

- Des secrets de réussite ;

- Les Relations ;

- L'amour ;

- Etc.

Il est à noter que chaque domaine de cette liste regroupe une dizaine voire une centaine de sous-domaines.

En fait, le champ de l'infopreneuriat est presque illimité.

Seriez-vous un prochain infopreneur à succès ?

Les Infopreneurs existent depuis quelques trentaines d'années et le phénomène ne cesse de se concrétiser jour après jour.

Et déjà des milliers d'individus ordinaires, de par le monde, ont franchi le pas et ont réalisé des succès extraordinaires.

À l'aide de l'infopreneuriat, ils ont pu transformer radicalement leur vie pour le mieux.

Pourquoi alors pas vous ?

Il est donc grand temps pour monter, vous aussi, votre propre affaire digitale en ligne.

Profitez tout particulièrement des trois principales opportunités suivantes :

- L'infopreneuriat est loin d'être saturée, elle n'est relativement qu'à ses débuts !

- L'infopreneuriat ne nécessite qu'un minimum d'investissement en argent. Par contre, il nécessite un investissement en temps et en efforts ;

- Toute personne sérieuse et adoptant des stratégies appropriées peut y réussir.

En voici rapidement les 36 avantages et points forts de l'infopreneuriat :

1. *L'infopreneuriat est, par excellence, **le domaine d'affaire qui procure le plus de liberté.***

2. L'infopreneuriat offre un cadre professionnel marqué par **plus de flexibilité, plus de liberté de choix**, plus de mobilité et **plus d'affranchissement des contraintes temporelles et géographique** (temps et lieu).

3. L'infopreneuriat vous assure des **revenus récurrents et passifs.**

4. Il vous permet de **travailler à temps partiel et choisi.**

5. Il vous permet de créer rapidement votre propre business.

6. Il vous permet de diversifier vos revenus.

7. **Il déconnecte vos revenus du temps du travail.**

8. *Pour l'infopreneur, c'est fini l'époque dans laquelle il fallait rester en permanence dans les murs de son entreprise pour effectuer son travail.*

9. *La **portabilité** et la **mobilité**, assurées par les technologies digitales, sont des caractéristiques fondamentales des nouveaux métiers de l'infopreneur.*

10. Vous pouvez ainsi voyager autour du monde tout en restant en contact avec votre activité professionnelle, essentiellement à travers l'internet.

11. Dans l'infopreneuriat, vous n'avez pas obligatoirement besoin de personnel, ni de locaux. Tout le travail se fait sur PC et en ligne

12. Par ailleurs, **la production d'information ne connait plus de limite**. Et les gens ne cessent de consommer davantage plus d'informations jour après jour.

13. Ce qui est également formidable, c'est que **le domaine de l'infopreneuriat touche tous les domaines de la vie humaine**. Donc, vous avez pratiquement des choix illimités.

14. En plus, ses champs d'application sont illimités et ne cessent de s'enrichir avec le temps.

15. C'est aussi le domaine qui est, par excellence, le plus en phase avec la nouvelle ère digitale. Donc, c'est le domaine qui connaîtrait plus de croissance et d'évolution.

16. L'entrepreneuriat digital balise et trace le terrain pour les métiers de l'avenir.

17. Il ouvre la voie à des modes innovants de production, de marketing et d'organisation.

18. C'est **le domaine qui dégage de meilleures marges bénéficiaires**.

19. Dans l'infopreneuriat, vous pouvez travailler sur ce que vous aimez le plus faire. C'est-à-dire sur vos passions !

20. Ce qui est encore plus fascinant dans ce domaine, c'est que **vous pouvez y commencer immédiatement**. Aussi, vous n'êtes pas obligé de quitter votre emploi actuel.

21. Vous n'avez pas besoins de gros investissements de départ.

22. Pour vous lancer dans ce domaine, vous n'avez pas besoin d'avoir fait de hautes études ou que vous deviez avoir de grands diplômes.

23. Il présente **le moins de risques**.

24. Il engendre le moins de coûts.

25. Il n'exige pas de personnel ou le moins possible.

26. En général, on travaille avec d'autres experts dans le cadre d'un partenariat ou dans le cadre d'un contrat de prestation à durée limitée ;

27. Il est le plus susceptible à fonctionner en **pilotage automatique**.

28. **Les principaux facteurs de production** sont votre propre cerveau et un ordinateur connecté à l'internet.

29. **Vos produits** sont essentiellement : vos connaissances, vos passions, vos expertises et vos conseils. La fabrication se fait dans votre propre cerveau.

30. **L'infopreneuriat peut être exercé à partir de chez soi**. Et même vous permet de voyager tout en continuant de faire son boulot.

31. Dans l'infopreneuriat, vous pouvez-même monétiser vos erreurs et non uniquement vos réussites. Et ceci en tirant des leçons pertinentes de ces erreurs. Et en aidant d'autres personnes qui débutent dans les mêmes projets à ne pas commettre de pareilles erreurs. Et ainsi aider ces personnes à avancer plus rapidement avec le minimum d'effort et de coût.

32. Vous travaillez à réaliser votre propre rêve et **vos propres objectifs**.

33. L'infopreneuriat vous procure une **vie passionnante et équilibrée**.

34. L'infopreneuriat est un domaine qui privilégie **le progrès continu**.

35. Bref, c'est l'infopreneuriat qui vous libère de la majorité des contraintes des business classiques notamment celui du salariat.

36. C'est, aujourd'hui, la meilleure façon de gagner de l'argent.

ALORS COMMENT SE LIBÉRER DE LA MENTALITÉ SALARIALE ET DEVENIR UN ENTREPRENEUR À SUCCÈS ?

J'aime d'abord clarifier ce que j'entends par « **entrepreneur à succès** ».

En fait, « un entrepreneur à succès » est la personne qui réussit à **créer sa propre affaire** qui lui génère des **revenus passifs** lui assurant d'atteindre **sa liberté financière**.

Autrement dit, pour moi, la plus importante caractéristique de l'entrepreneur à succès, c'est **l'atteinte de sa liberté financière.**

Après avoir clarifié ce point, permettez-moi de vous poser la question suivante :

- Pourquoi seulement une minorité de gens qui

réussissent dans le monde libre de l'entrepreneuriat ?

- Alors que de nombreuses personnes rêvent de quitter leur emploi et de fonder leur propre entreprise.

Où est exactement le problème ?

La réponse : c'est que les compétences requises pour être **un entrepreneur à succès** sont très différentes de celles que devrait posséder **un bon salarié**.

Par conséquent, pour que vous puissiez réussir dans le monde libre de l'entrepreneuriat, vous avez besoin de deux choses primordiales.

Si vous manquez un de ces deux éléments, alors vous ne saurez jamais atteindre votre liberté financière.

Et ceci même si vous travaillez dur et même si vous essayez pendant de longues années.

Le premier pilier indispensable pour votre liberté financière

Pour être un entrepreneur libre à succès, vous avez besoin **d'apprendre et d'appliquer des stratégies efficaces qui marchent le mieux aujourd'hui.**

Il faut noter que de nos jours, il existe une multitude de bonnes formations qui enseignent des stratégies et techniques appropriées aux différents domaines d'affaires.

Mais, ce qui est malheureusement constaté, c'est que la plupart de ces formations s'arrêtent à ce premier élément indispensable à la liberté financière.

Et en ne couvrant pas aussi **le deuxième pilier incontournable de la liberté financière**, ces formations ne font, en fait, les choses qu'à moitié !

Et c'est la raison principale pourquoi les gens qui suivent ce type de formations n'arrivent pas à accomplir les changements nécessaires pour obtenir les résultats qu'ils désirent :

- En fait, la grande majorité de ces individus ne deviennent jamais entrepreneurs parce qu'ils ont peur de l'échec. Cette peur les pousse à trouver des excuses qui les empêchent de quitter leur emploi. Cette peur les empêche d'aller de l'avant afin d'appliquer les stratégies qu'ils ont appris dans ces formations.

- Pour ces gens, même s'ils ont appris de bonnes stratégies, mais le pouvoir de leurs excuses est plus fort que le pouvoir de leurs rêves.

- Par conséquent, bien peu de gens passent véritablement à l'action.

- Et beaucoup moins encore qui arrivent à persévérer jusqu'au bout ou assez longtemps pour finalement savourer le résultat de leurs efforts.

Et c'est, entre autres, pour vaincre cette peur et autres types d'auto-blocages, que vous avez également besoin du deuxième pilier incontournable de la liberté financière.

Quel est le deuxième pilier indispensable pour votre liberté financière ?

De prime abord, insistons sur le fait que l'entrepreneur se différencie du salarié non seulement par les compétences, les stratégies et les techniques qu'il utilise.

L'entrepreneur se distingue surtout et avant tout par **une mentalité et un profil psychologique bien spécifiques**.

Et c'est pour cela que vous avez aussi besoin de développer **votre esprit et philosophie d'entrepreneur**.

C'est un travail qui se fait essentiellement sur **votre monde**

interne.

Autrement dit, pour devenir entrepreneur, vous devez d'abord être libre dans :

- votre tête,
- votre mentalité,
- vos croyances,
- vos pensées,
- vos valeurs,
- vos habitudes,
- et vos comportements.

En effet, la transition du salarié vers l'entrepreneur représente bien plus qu'un simple changement d'emploi.

Il s'agit, en fait, d'une **véritable métamorphose**.

Par conséquent, la personne qui désire se lancer dans le monde libre de l'entrepreneuriat n'a pas seulement besoin d'apprendre et d'appliquer des stratégies appropriées.

Elle a en premier lieu besoin **d'un processus et d'un accompagnement efficaces** qui lui permettraient de **transiter avec succès de la mentalité du salarié à celle d'entrepreneur à succè**s !

Donc, avant de quitter votre emploi :

Vous devez d'abord être certain que vous ayez développé **la bonne mentalité** ou **le bon profil psychologique**.

C'est-à-dire, penser et agir comme un entrepreneur à succès et non plus comme un bon employé.

Ainsi, devenir libre financièrement commence par un changement à la fois de trois éléments fondamentaux :

- **De philosophie,**

- De **psychologie,**

- Et de **stratégies.**

En effet, **la liberté financière** est une affaire qui concerne à la fois votre **cerveau** et votre **cœur.**

Vous avez alors besoin nécessairement et simultanément de deux choses incontournables :

1. Un processus éprouvé pour vous aider à transiter efficacement et rapidement de la mentalité du salarié à celle d'entrepreneur à succès ;

2. Une bonne formation pour vous aider à apprendre et appliquer les meilleures stratégies existant aujourd'hui dans le monde libre de l'entrepreneuriat.

Or, tout le monde comprend facilement l'importance des stratégies éprouvées à la réussite dans le monde libre de l'entrepreneuriat.

Mais, très peu de gens saisissent l'importance capitale du développement de leur psychologie de la richesse à cette réussite.

Donc, il est utile de s'arrêter un peu plus à la question suivante :

**Pourquoi il est indispensable de développer
d'abord votre psychologie de la richesse ?**

POURQUOI IL EST INDISPENSABLE DE DÉVELOPPER D'ABORD VOTRE PSYCHOLOGIE DE LA RICHESSE ?

La réponse est immédiate :

Parce que **la psychologie de la richesse est une composante fondamentale de l'esprit de l'entrepreneur à succès**.

Et par conséquent, elle est le socle principal de la Liberté Financière.

Et si vous n'avez lu, par exemple, que le célèbre livre « **L'intelligence émotionnelle** » de **Daniel Goleman**, alors vous êtes bien conscient de l'énorme puissance de nos émotions et de notre esprit subconscient.

Vous savez ainsi la grande influence de ces derniers sur la qualité et la destinée de notre vie

Vous savez, en particulier, que la quasi-majorité de nos choix et de nos décisions sont dictés plutôt par nos émotions et notre esprit subconscient plus que par notre raisonnement ou notre esprit logique conscient.

D'où l'importance centrale d'une bonne programmation de notre puissant **esprit subconscient** sur tout ce qui est positif et utile : la persévérance, l'abondance, la joie, la liberté, la confiance en soi, l'engagement, le passage à l'action, le succès...

Autrement dit, vous devez développer en premier lieu **votre liberté interne**.

Dans ce sens, il est important de souligner les points suivants :

- **La véritable liberté émane de notre for intérieur.** Les facilités externes ne viennent que par la suite, pour renforcer et consolider la liberté intérieure et lui donner plus de richesse et plus de joie !

- Sans la liberté interne, il est pratiquement impossible de parler de liberté de quelque nature soit-elle. Dans ce cas, les apports externes ne seront d'aucunes utilités.

- Donc, le premier pas vers la liberté financière, c'est d'abord de chercher **une vérité de vous-mêmes plus riche et plus durable.** Et vous devez chasser les différentes illusions cumulées dans votre subconscient. C'est aussi de bien connaitre **votre mission** et ce que vous voulez vraiment de la vie et dans la vie.

- **La liberté interne, c'est d'accepter la personne unique que vous êtes.** Acceptez-vous tel que vous êtes ! Ceci vous libère des comparaisons négatives et superficielles avec les autres. Cela ne signifie pas, pour autant, de ne pas prendre d'exemple sur des personnes à succès. Au contraire, cela veut dire, d'accepter à apprendre constamment de la vie et des autres personnes. Mais tout en restant vous-même, **en respectant vos caractéristiques et vos particularités**. Parce que **vous êtes UNIQUE**.

- Alors, si vous voulez réussir, il faut savoir comment **vous libérer de vos freins intérieurs** et de vos auto-sabotages.

- Il faut savoir comment **modifier vos « Programmes Intérieurs »** qui sont réglés sur l'échec.

- Il faut également savoir **comment vous libérer des enseignements et conditionnements défaitistes** provenant de vos différents environnements et de vos modèles de pensées limitants qui vous poussent vers l'échec.

- Le deuxième pas vers la liberté financière, c'est de développer votre monde intérieur **pour être plus éveillé, complétement conscient et orienté vers un but clair**. C'est **d'avoir confiance en soi**, avoir **une psychologie gagnante**, **être ouvert** à toute opportunité et à toute évolution positive.

- La liberté interne signifie également le pouvoir de s'engager dans **un processus de progression continue**.

- Et d'être prêts à faire tout ce qui est nécessaire pour atteindre votre but.

- Et dans des termes plus clairs et plus concrets, la liberté financière, **c'est la capacité de vous libérer de la mentalité de salarié et d'embrasser l'esprit d'entrepreneur**.

Pour développer votre **psychologie de la richesse sur de bonnes bases, vous avez besoin** de reprogrammer volontairement votre Subconscient afin qu'il soit aligné sur vos buts et vos rêves.

Et pour pouvoir reprogrammer efficacement votre subconscient, il s'avère essentiel de comprendre le langage de ce dernier et de savoir ouvrir un canal de communication avec lui.

C'est pour cette raison que j'ai réservé entièrement le livre **Objectif Succès** pour vous aider à **faire de votre Subconscient le Principal Allié dans Votre Succès**.

En fait, dans ce livre, je vous ai rappelé, entre autres, les bases du fonctionnement de notre cerveau. Et je vous ai proposé trois méthodes les plus pratiques et simples pour :

- Explorer et exploiter efficacement vos énormes ressources internes.
- Clarifier votre Pourquoi et vos priorités dans la vie.
- Avoir plus de créativité dans la fixation de vos objectifs
- Vous accompagner dans le processus de réalisation de vos projets.
- Elaborer des plans d'action efficaces et trouver les moyens appropriés pour les accomplir.
- Passer beaucoup facilement à l'action.
- Demeurer concentré sur vos objectifs importants.
- Bref, pour prendre votre vie en main et rendre votre existence plus joyeuse, heureuse et prospère.

Vous pouvez accéder à ce livre en suivant un des deux liens suivants :

- Format Kindle : https://www.amazon.fr/dp/B09CHFLHGQ

- Version papier : https://www.amazon.fr/dp/B09CGFPKP8

CONCLUSION GÉNÉRALE

Rappelons les principales caractéristiques de la liberté financière :

- La liberté financière se fonde sur un élément capital : **la liberté de faire ce que l'on a envie de faire** et quand on désire le faire.
    - Et cette liberté a besoin de **deux autres éléments primordiaux :**
        - L'argent,
        - Et le temps.
    - Concrètement ceci signifie que l'on doit disposer de sources nous générant suffisamment de **revenus passifs** pour pouvoir dégager assez de temps libre. Grâce à cet argent et à ce temps libre, nous pouvons nous adonner et nous consacrer aux activités les plus importantes à nos yeux et accomplir les objectifs les plus chers dans notre vie.
- **Les six (6) piliers fondamentaux de la liberté financière :**
    - L'Etat d'esprit ;
    - Les Connaissances ;
    - Les Relations ;
    - Les Compétences ;
    - L'Argent,
    - Et les Actions.
- **La liberté financière, c'est un processus en cinq temps :**
    - Développer l'esprit du riche ;
    - Économiser ;
    - Épargner,
    - Faire le premier investissement,
    - Puis, diversifier l'investissement dans des affaires générant des revenus passifs et récurrents.

- ◦ **NB :** Le plus important de ces cinq (5) éléments est certainement le développement de l'esprit du riche.
- La liberté financière est ainsi plus importante aussi bien de la richesse que de l'indépendance financière.

Je peux ainsi résumer la Liberté Financière dans les équations concrètes suivantes :

La liberté financière = Un Etat d'Esprit = Un Mode de Vie = La Prospérité + du Temps Libre = Revenus Passifs et Récurrents = Systèmes à Pilotage Automatique = Investissement dans des Actifs

Ainsi, si vous voulez réussir en liberté financière, il faut d'abord savoir comment vous libérer de vos freins intérieurs et de vos auto-sabotages :

- Vous devez commencer par faire le bilan de tout ce qui peut vous empêcher de prendre votre vie en main.
- Il faut surtout avoir le courage de **vous libérer des enseignements et conditionnements défaitistes** provenant de vos différents environnements et de vos modèles de pensées limitants qui vous poussent vers l'échec.
- Il faut savoir modifier vos « **Programmes Intérieurs** » pour les régler sur le succès et non sur l'échec.
- En ce sens, vous devez vous libérer des **19 obstacles les plus paralysants** discutés dans les chapitres de ce livre.
- Il s'agit également de fortifier **votre monde intérieur** pour être **plus éveillé, complétement conscient** et **orienté vers un but clair.**
- C'est aussi de **développer** la **confiance en soi**, de bâtir **une psychologie gagnante** et d'**être ouvert** à toute opportunité et à toute évolution positive.
- Sachant que **la liberté interne** signifie également **le pouvoir de s'engager** dans un processus **de progression continue.**
- Et d'être prêts à **s'aventurer dans des sentiers non battus**

et à faire tout ce qui est nécessaire pour atteindre votre but.

- Et si des événements externes vous obligent de ralentir ou même de s'arrêter pour un certain temps, vous devez garder le cap pour reprendre, le plutôt possible, votre voyage vers votre liberté financière.

- Et dans des termes plus clairs et plus concrets, la liberté financière, c'est la capacité **de vous libérer de la mentalité de salarié et d'embrasser l'esprit d'entrepreneur à succès**

- Ce n'est que sur la base de tout cela, que par la suite, vous allez bâtir solidement **les fondements externes de votre liberté financière et de votre réussite**. C'est-à-dire, développer un ensemble approprié d'habilités, de **compétences** (savoirs), **de stratégies** (savoir-faire) et **de performances** (faire efficacement).

Et n'oubliez pas que le chemin vers la liberté financière est souvent parsemé de toute sorte de défis, d'obstacles, de difficultés, de problèmes et d'échecs provisoires.

Pour faire face à tout cela, vous devez vous servir, entre autres, **des quatre redoutables armes** suivantes :

1. **L'ACTION** : agissez délibérément, intelligemment et massivement !

2. **Persévérance** : soyez persévérant comme une fourmi !

3. **L'EFFET CUMULE** : faites chaque jour un petit pas décisif vers votre rêve !

4. **Pragmatique et Positif** : Soyez reconnaissant à vos échecs et transformez-les en tremplin vers le succès !

Et n'oubliez pas que la vie nous enseigne que :

C'est lors des moments difficiles qu'on distingue les gagnants, les leaders des perdants.

Sur ce, je vous souhaite plein succès dans votre aventure...

Jamil

VOTRE AVIS ET TÉMOIGNAGE M'INTÉRESSENT

Si vous avez apprécié ce livre. Et si vous en avez appris quelque chose d'utile et d'intéressant, pourquoi alors ne pas aller sur le site d'Amazon et me laisser un petit commentaire constructif.

Ça me ferait un grand plaisir !

Je vous remercie d'avance !

Jamil Chah

NE RATEZ PAS LES BONUS COMPLÉMENTAIRES À VOTRE ACHAT

Bonus 1 : Comment transformer vos échecs temporaires en tremplins vers le succès

Bonus 2 : Profitez de la vie tout en travaillant sur vos objectifs

Voici le lien pour les télécharger :

https://versliberteglobale.com/amazon-bonus-livre-lfd

NB : Vous bénéficierez aussi des futures mises à jour de ce livre.

POUR ALLER PLUS LOIN

Vous pouvez accéder aux autres livres complémentaires du même Auteur en suivant les liens suivants :

1. Sur mon Blog : https://academie-ebusinesspro.com/for-mations

2. Sur Amazon : https://www.amazon.fr/Jamil-CHAH/e/B014GHUB60